神秘的古国
——城头山遗址解读

刘 勇 罗宏武/主编

湖南人民出版社

图书在版编目（CIP）数据

神秘的高岗：城头山遗址解读 / 刘勇，罗宏武主编. —长沙：湖南人民出版社，2013.12（2024.10重印）

ISBN 978-7-5438-8587-5

I.①神… II.①刘… ②罗… III.①新石器时代文化—文化遗址—研究—澧县 IV.①K878.04

中国版本图书馆CIP数据核字（2014）第004803号

神秘的高岗——城头山遗址解读

编 著 者	刘 勇　罗宏武
责任编辑	吴向红
装帧设计	多米诺设计

出版发行	湖南人民出版社［http://www.hnppp.com］
地　　址	长沙市营盘东路3号
邮　　编	410005
经　　销	湖南省新华书店

印　　刷	永清县晔盛亚胶印有限公司
版　　次	2014年1月第1版
	2024年10月第4次印刷
开　　本	787×1092　1/16
印　　张	12
字　　数	150千字
书　　号	ISBN 978-7-5438-8587-5
定　　价	80.00元

营销电话：0731-82683348　　　（如发现印装质量问题请与出版社调换）

人类文明从第一件劳动工具产生开始，以后几百万年一直在旧石器时代徘徊不前，直至始于距今约一万年的新石器时代，各种文明现象就像积蓄了过多的力量而爆炸性地迸发出来。这些文明现象的生长，从量变到质变的一个重大标志就是城的产生。在华夏大地上，这样的标志首先诞生在武陵山余脉、洞庭湖滨的澧水河畔——那就是城头山城的出现。

目录

C
on
tents

前　言　诞生于洞庭湖滨的古城文化　张柏　　·001·

第一章　震撼问世

世博会上的风景线　　　　　　　　　·003·

神秘的高岗　　　　　　　　　　　　·007·

被嘲笑的北大教授　　　　　　　　　·011·

将考古进行到底　　　　　　　　　　·013·

灰坑遗物确证惊世奇迹　　　　　　　·015·

第二章　得天独厚

横空出世一座城　　　　　　　　　　·021·

宜居的山前平原　　　　　　　　　　·022·

远去的大象　　　　　　　　　　　　·025·

先祖留下的"珍珠"　　　　　　　　·028·

寻找稻作之源　　　　　　　　　　　·032·

独领风骚的中心聚落　　　　　　　　·034·

北纬30°的又一奇迹　　　　　　　　·037·

目录

第三章　古城神韵

城的源头在哪里　　　　　　　　　·043·

一张航拍图　　　　　　　　　　·046·

四次筑城　　　　　　　　　　　·048·

缔造史前奇迹　　　　　　　　　·051·

护城河的变迁　　　　　　　　　·053·

城开四门　　　　　　　　　　　·055·

南门通道　　　　　　　　　　　·057·

夜夜好梦的安居区　　　　　　　·059·

规模化的陶窑区　　　　　　　　·061·

规范化的墓葬区　　　　　　　　·064·

宫殿与神庙　　　　　　　　　　·067·

最早的祭坛　　　　　　　　　　·071·

第四章　日新月异

原始社会的"金缕玉衣"　　　　·077·

四口灶台　　　　　　　　　　　·081·

格局超前的"单元房"　　　　　·083·

砖的前身　　　　　　　　　　　·087·

船行天下　　　　　　　　　　　·090·

从一个小板凳说起   · 092 ·

工匠辈出   · 094 ·

工具进化壮城池   · 098 ·

第五章　文明曙光

世界第一稻田   · 103 ·

种下稻谷长成了城   · 106 ·

陶器文化   · 109 ·

"国家名片"上的城头山   · 111 ·

纹饰的秘密   · 116 ·

陶器安邦   · 119 ·

神明崇拜   · 122 ·

最早的精神领袖   · 124 ·

歇斯底里的呐喊   · 127 ·

第六章　难解之谜

墓碑上的悬念   · 133 ·

奇妙的巧合   · 136 ·

难以破解的陶球   · 138 ·

目录

国王还是首领　　　　　　　　　· 141 ·

玉器从哪来　　　　　　　　　　· 143 ·

谁是奠基者　　　　　　　　　　· 147 ·

枫香木揭秘　　　　　　　　　　· 150 ·

战争迷云　　　　　　　　　　　· 153 ·

最后的谜团　　　　　　　　　　· 158 ·

第七章　魅力永存

平原上的"金字塔"　　　　　　　· 163 ·

古城古国　　　　　　　　　　　· 165 ·

神奇的传播　　　　　　　　　　· 168 ·

涟漪效应　　　　　　　　　　　· 171 ·

再造一座城　　　　　　　　　　· 172 ·

历史能否改写　　　　　　　　　· 176 ·

后　记　　　　　　　　　　　　· 179 ·

诞生于洞庭湖滨的古城文化

张柏

　　中国是世界著名的文明古国，文物遗址众多，因为工作的关系，我对这些文物遗址有一个大致的了解。城头山是"十一五"、"十二五"期间国家重点投资保护的大遗址。这个遗址所反映的文化内涵，在中国历史上的地位无疑是重要而独特的。我对城头山遗址有比较深入、全面的了解，缘于我2001年对遗址有过一次比较系统的考察。使我记忆犹新的是，当我置身于城头山遗址高高的城墙剖面之下感慨万千之际，我突然想起了一句名谚：人类如果想要看到自己的渺小，并不需要仰视繁星密布的无垠苍穹，只要看一看在我们之前几千年就存在过、繁荣过，而且已经灭亡了的世界古文化就足够了。

　　拂去历史文化的蒙尘，我们能够清楚地看到，在距今6300年前，城头山的先民在总结围壕聚居的基础上，已经开始夯土筑城了。他们利用挖壕沟的土，筑起了一个由壕沟和夯土墙组成的具有双重防御功能的圆形城池。这座占地约8万平方米、具有多种功能的城的诞生，标志着当时的城头山人已经摆脱了几百万年来大自然对人类的束缚，使他们从完全依附自然、依靠自然的状态中解放出来，在洞庭湖平原上首先吹响了华夏民族改造自然的进军号角。在继后的1500年中，城头山人锲而不舍，先后四次对古城进行扩建加修。直至距今4800年前最后一期城墙完工后，这座古城已有宽约50米、深约2.5米、绕城一周约1200米的护城河，10多米高的夯土城墙矗立于一座高高的山冈上，已然成为洞庭湖区一座地标式的建筑。这时的古城，包括护城河在内，占地面积18万平方米，估算夯土城墙形成的土方量更是高达40多万立方米。城头山人耗时1500年建成的这座古城，是一座王城还是一个古国，我们尚不得而知。但它作为4800年前竣工的一项浩大的土建工程，在中国甚至是世界范围内，都是无可争辩的一个奇迹。

如果把城头山遗址放到世界同时期的古代文明中去考量，我们会发现它具有更多的特异性。在世界范围内，具有与城头山古城文化同样悠久历史的古代文明，最典型的是古巴比伦文明和古埃及文明。古巴比伦文明中苏美尔时代的拉伽什城与城头山城处于同一历史起跑线上；乌尔城址作为已知世界上最早的城市遗址，距今有7000年历史，只比城头山古城址早约700年。城头山城虽然比这些城文化中断稍早，但在同时期世界范围内的不同地域与之并行存在了2000多年，创造了能够与之比肩的古城文化历史。古埃及金字塔是世界古代文明的一面旗帜。距今6300年前，城头山人始筑第一期城，而埃及法老统治的王朝从公元前3100年起才变得确凿。在以后很长的一段时间里，作为金字塔雏形的法老坟墓还只有一个墓室，并无地上建筑。距今4800年前，城头山人已经完成了最后一次筑城的工程，而最能代表古埃及金字塔时代到来的胡夫金字塔的出现还

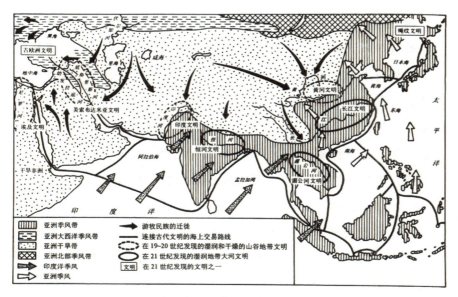

欧亚大陆气候分布和古代文明发源地

是其后200多年的事情。

　　巴比伦文明，也称美索不达米亚文明，是诞生于幼发拉底河和底格里斯河两河之滨的人类最古老的文明。"埃及是尼罗河的赠礼"。它们都是大河文明的典型代表。对比巴比伦文明和埃及文明，城头山文化的形成具有更多自身的原因。城头山西倚武陵山脉，东眺八百里洞庭，左有长江及其支流松滋河，右有澧水及其支流道水，其间另有涔水和澹水贯通。洞庭湖与多条江河的共同作用，在其间形成了一个自西而东的狭长的山前冲积平原。就是这片肥沃的土地，像一位头枕武陵、脚蹬洞庭，以长江和澧水作为左膀右臂的巨人母亲，孕育出洞庭湖滨不朽的古代文明。

　　在很早以前的旧石器时代，人们就开始在洞庭湖平原聚居。每年的6、7、8月，发源于武陵源区的澧水和现今湖南境内的湘江、资江、沅江以及以松滋河为通道的长江，带着裹挟大量泥沙的洪水，一齐倾泻入浩瀚的洞庭湖，致使湖水暴涨，洞庭湖平原随之变成河水汤汤的水乡泽国。每当这时，人们就会退守于建在一个个高岗之上的聚居地休养生息。这也使他们有足够的时间总结过去，正视现实，畅想未来，创造出优秀灿烂的文化。河水退去，留下泥沙，营造出大片肥沃的土地。人们在这里采集、渔猎、种稻，创造了距今8000～9000年的世界最早的稻作文明历史。他们还在这片土地上种植蔬菜、饲养牲畜，充分利用着大自然的每一份赐予。而这所有的一切，都是大自然与人类共同为城头山城出现埋下的伏笔。

如果说，城头山城是洞庭湖平原这位伟大母亲养育的骄子，那她还在躁动于母腹的时候，就受到了良好的先天滋养。尔后，这位母亲又用丰厚的乳汁哺育她成长，并与她一起铸就了城头山2000多年辉煌的古城文明。这位不朽的历史巨人，即使是走到城头山城的尽头，也并未停止她的脚步——由她引领的洞庭湖文明，向北成功地渗透到江汉平原、峡江地区，向南影响了岭南的珠江三角洲地域。在以后崛起的诸城中，几乎都能看到由她打下的烙印，直至中国南方王城——石家河文化城的出现，这其中也不难觅见她的仙踪。

这，就是我理解的城头山遗址，城头山古城，诞生于洞庭湖滨的城头山古城文化！

2013年12月

（作者系国家文物局原党组副书记、副局长，中国文物保护基金会理事长，第十一届全国政协委员）

【第一章】

震撼问世

神秘的高岗之下，

掩埋着一座6000年前的古城。

这座后来满载殊荣、享誉世界的古城是如

何发现的？

又是如何确证的呢？

世博会上的风景线

这个世界上还有多少神秘之最有待发现，我们不得而知。

但中国的世界之最，人们都很熟悉：世界最高的山峰——珠穆朗玛峰；世界最低的盆地——吐鲁番盆地；世界最长的城墙——万里长城；世界最长的运河——京杭大运河；世界最早的贸易通道——丝绸之路……

那么，中国最早的城在哪里？它在世界文明史中有着怎样的地位？与世界之最又有怎样的关联？

经过考古学家的反复论证，中国迄今发现的最早的城是城头山城。如果说有了城墙就代表有了城，那么迄今发现的最早的城墙是以色列地区的"杰里科之墙"，建造于公元前7500年左右。相对于"杰里科之墙"，城头山的城墙晚了3000多年。但相对于城的功能来说，城头山城集农业、工业、祭坛、宫殿、集市于一体，是世界上功能最完善的古城之一。它的出现比在很长一段时间里被认为是"世界最早的城"——叙利亚的哈穆卡尔城要早300年左右，比另一古城——伊拉克境内的古苏美尔的"埃利都"城早200多年。

特别神奇的是，世界最早的人工水稻田就发现于城头山的城墙底部，城头山因此名声大震，享誉世界。

城头山城址位于湖南省澧县车溪乡城头山村，距县城10公里，占地面积18.7公顷。1979年被考古工作者发现。1991年至2011年先后进行了13次考古发掘，发掘面积近9000平方米，出土文物1.6万余件。城头山作为中国迄今发现的年代最早、保存最完整、内涵最丰富的古城址，其考古发掘成果，镌刻到了北京"中华世纪坛"的青铜甬道上，写进了我国大、中学历史教科书中。

2010年上海世博会中国馆第一景：中国最早的城市——城头山

1992年和1997年，城头山遗址先后两次入选年度"中国十大考古新发现"，成为当时全国首家获此殊荣的考古遗址。

1995年3月，时任国家主席、中共中央总书记江泽民来澧县视察，欣然亲笔题写"城头山古文化遗址"。

同年，蒋纬国先生在台湾题词："中华文化亿万载，澧州古城七千年。"

1996年，城头山被国务院公布为"全国重点文物保护单位"。

2001年，城头山被评为"中国二十世纪100项考古大发现"之一。

2005年，城头山被国家确定为"十一五"重点保护的大遗址，是国家最早确定"十一五"期间重点投资的20个大遗址之一。

同年11月，《城头山遗址》特种邮票小型张公开发行，城头山成为国家名片之一。

也是在这一年，中央电视台"见证·发现之旅"栏目组到城头山拍摄制作了大型电视纪录片《古城·古墓》（又名《解密城头山》），时长近120分钟，先后多次在央视多个频道播出，城头山因此声名远播。

2006年，城头山被共青团中央评为第四批全国青少年教育基地。

2010年5月1日，举世瞩目的世博会在上海召开。当人们走进世博园，还在为满目的高科技建筑设施惊叹时，49米高的电梯已经把参观中国国家馆的中外游客带入了"中华智慧长河"的源头。中国馆展示的是"城头山发展中的中华智慧"，入馆第一景就是"中国最早的城市——城头山"，那醒目标注的十个大字让所有的游客眼睛一亮。这是第一次在国际上以"城市"的定义来标明中国最早的城。它再次说明，城头山不仅具有城的要素，还有市的内涵，它是城的一种外延。这个模型，成为世博会上万众瞩目的一大亮点、一道令人惊叹的奇特风景线，让参观者啧啧称奇。

......

城头山的殊荣数不胜数，但每一项，都标志着城头山的卓越不凡。

城头山遗址的发掘不仅在中国产生了深远影响，同时也震惊了世界。美国、日本、韩国、英国、德国等多个国家和地区的学者来此参观考察，并在世界各地有影响力的学术刊物上对城头山作了广泛的报道。

城头山是中国的，也是世界的。它的发现，使中国的文明史研究向前推进了一大步，也给世界的灿烂文化增添了新的一页。那最早的稻田，那最古的城墙，那最老的祭坛，那精美的船桨，那镂孔的陶盘，还有那编织的麻布……不仅让我们见识了先民们的聪明才智，也将成为世界文化研究的宝贵财富。

那么，这座埋在地底下6000多年的古城，又是怎样被发现的呢？

1995年3月25日，时任国家主席、中共中央总书记江泽民为城头山遗址题字

神秘的高岗

澧水下游，洞庭湖畔，有一紧靠武陵山余脉的平原。它，就是因城头山遗址而闻名遐迩的澧阳平原。

就在这块纵横500多平方公里的神奇土地上，集中分布着史前遗址300多处，随处可见史前文化的遗存。20世纪50年代，城头山还是一片荒凉的岗地，生长着茂盛的灌木丛，石器、陶器的碎片俯拾皆是。

1979年7月的一天，时任澧县文化馆考古专干的曹传松和同事王本浩，在本县车溪乡南岳村（现名城头山村）结束文物调查工作之后准备返回县城的路上，一座高高的土岗吸引了曹传松的注意：在广阔而平坦的澧阳平原上，虽然有不少地势稍高的岗地，但像面前这样的高岗却很少。直觉和经验告诉他，也许这下面隐藏着不为人知的秘密。

第二天一早，工作缠身的曹传松就让王本浩再去一次南岳村，并仔细考察一下那个高岗。

王本浩不虚此行。他带回的消息让焦急等待的曹传松兴奋异常——那是个圆形的高岗，上面散落着不少古陶片。

迫不及待的曹传松再次赶往南岳村。

曹传松从村民家里借了把锄头，在高岗的西南角找了一个自然的土坡，然后开始慢慢地掏挖表土。只挖了一小块，就发现这里的土层并非自然形成，而是像人工翻动过的，似乎还有夯筑过的痕迹。这个发现让他心中为之一动。

曹传松又换了几个地方继续挖，结果更加令人惊奇：这里的土层土质竟然与墓葬封土堆的类型极其相似！难道是古墓址？

他立即找到村里一位年逾古稀的老人了解情况，老人津津有味地说起了一个神奇的传说：

这地方一直叫城头山。很早以前，有人发现这里是一块宝地，前有洞庭湖为照，后有武陵山为靠，南有澧水相依，北有长江天险，于是想

城头山遗址远景

在这儿建一座城。随后这里开始大兴土木，其间有一只神奇的黑狗，一直卧在一座房子的屋顶上。不可思议的是，从建城开始，这只黑狗日夜都守在那，一刻也没离开过。可是在即将竣工时，不知什么原因，黑狗突然发疯似的从屋顶上跳下来往西北方向跑去，从此不见踪影。奇怪的是，从此，这座城也匆匆了事，未能竣工……

　　这个传说给高岗增添了一层神秘的色彩，越发激起了曹传松的好奇。老人接着又说："相传这个城开有东西南北四个门。" 这令曹传松尤为震惊。他绕着高岗转了一圈，果真发现东南西北城墙上仿佛有四个缺口，这也就印证了有四个城门的传说。

　　当时，湖南境内还没有发现过一座古代的城址，如果城头山这座古城确凿无疑的话，那将是一个惊人的发现。

　　欣喜异常的曹传松立即打电话把这个情况向省博物馆考古部作了汇报。

时任湖南省博物馆考古部的负责人何介钧，原是北京大学考古系高材生，毕业后一直从事考古工作，是一位眼光独特的专家。他在接到曹传松的报告后不久，就专程来到了澧县城头山。

　　何介钧和曹传松开始在高岗的不同位置进行散点式初步探测。

　　他们发现，在高岗不同区域的水平层面，大致都可以找到相同的历史文化层，说明这片土岗应该是一个整体。然而，随着深度的不同，土质也开始发生变化，不同历史时期的特点清晰地表现出来。

　　然而，墓葬是不具备这种特点的，只有经历岁月变迁的城址才可能有这样的特征，探测的结果强化了他们认为是城址的判断。

残存城墙局部

一天，高岗下的水塘忽然引起了曹传松的注意。来去多少次了，眼前的水塘还是原来的那个水塘，这一次他却感到了不同：这似乎不仅仅是个养鱼的水塘，很可能是与古城配套的一项工程，而且是一项重要的工程！

曹传松沿着高岗外围走到了水塘的尽头，残墙下是南岳村生产队长邹先民家的一片稻田。曹传松决定找他了解情况。

邹先民告诉曹传松，开阔的水域并非是专门挖开的水塘，从他记事起就是现在的样子，而且是环绕着这片高岗的。20世纪60年代的时候，他曾经带领村民把东面和南面的水塘填平，改造成稻田，只留下了西北的一片作为鱼塘取水之用。

邹先民的解释立刻解开了曹传松心中的疑惑，同时也印证了自己的判断。他敏锐地感觉到：这个水塘应该就是护城河。

何介钧也赞同这一判断，城外的水塘可能就是原来的护城河，夯土的城墙和宽阔的护城河共同构成了古城的防御体系，显然这是一种比较成熟的筑城思路。

于是，何介钧与曹传松再次选点对古城的范围进行测量，结果却对城的年代产生了疑惑。何介钧肯定地说：这个城是圆形，不可能是战国时期的。很多战国城都是方形的，这个城应该比战国早，是不是商代的城？或者是当时一个小的军事城堡？具体的情形尚需作进一步探讨。

尽管城头山作为古城遗址得到了初步确认，但是，由于发掘城址相当复杂，更重要的是当时还缺乏经验，发掘计划被谨慎地搁置下来。

一座初现端倪的古城随即被时间的尘埃掩埋，那些高岗下令人期待的秘密又陷入沉睡之中，它们在等待着苏醒的一天。

这一等就是12年。

被嘲笑的北大教授

1980年，省级专家对城头山进行了实地考察，肯定它是一座古城址，但具体年代不敢贸然下结论。

1981年6月，楚文化研究学会在长沙成立。会议期间，该会会长、北京大学考古系教授、后来任中国历史博物馆馆长的俞伟超先生来城头山考察。在察看了地形、掌握了大量实物证据之后，俞伟超教授兴奋地对同行说："澧县的同志了不起，发现了一个屈家岭文化的城址。"

屈家岭文化年代约为距今5000～4200年，因1955-1957年发现于湖北京山屈家岭而得名。

在这之前，当时我国只知道有距今4100年的夏朝都城，但夏朝都城的具体位置还不能确定。

俞伟超教授认为城头山是屈家岭文化的城，这意味着城头山将把中国的建城史前推800～1000年。不仅如此，由此衍生的一系列学术问题，将使很多史学上的结论遭到质疑。

这个结论在当时相当惊人，因为在中国境内，当时还没有发现屈家

大溪文化陶壶

大溪文化彩陶瓶

岭文化时期的古城址。因此，当他回到北京，向同事们谈起城头山的发现时，招来了很多人的质疑，大家都认为这是不可能的事。

俞伟超教授的推断，当时在考古界不亚于释放了一枚原子弹，产生了强烈的冲击波。一时间，冷嘲热讽不断，说什么"俞大炮"真了不起，凭到澧县走一趟就发现了屈家岭文化时期的古城，考古居然会这么简单？

但科学的步伐，不会因为少数人的冷嘲热讽而止步不前。俞伟超教授对这些冷嘲热讽付之一笑，不置一词。他坚信自己的判断没有错。

继俞伟超教授考察城头山遗址之后，先后又有商周文化研究专家、北大考古系教授邹衡，北大考古系教授、原主任严文明，中国社会科学院研究员、原社科院考古研究所所长安志敏等多位国家重量级专家，相继来城头山考察。

可是，继1981年长沙楚文化研究学会之后，因为种种原因，城头山的发掘工作一直难以启动，这座神秘的高岗，依然静静地沉睡在那里。关注城头山的几位专家，不得不又经过了10年漫长的等待与煎熬。

大溪文化陶盘

将考古进行到底

一座遗址的发掘，必须要在专业人员的指导下有序而小心地进行。城头山从发现到发掘搁置了12年之久，关键原因就是当时专业人员少。像城头山这样的大型遗址，如果没有足够的专业人员，是不敢贸然发掘的。

1991年10月，经国家批准，湖南省考古研究所原所长、研究员何介钧领队来澧县对另一处墓葬发掘之后，对城头山进行了一次试掘。

连何介钧本人也万万没有想到：这一试掘，就有了后来无法停歇的解开城头山千古之谜的考古大工程。

当时，何介钧马不停蹄地奔波在湖南的各个古遗址中。他先后主持发掘了澧县梦溪三元宫、丁家岗、孙家岗、斑竹、宝宁桥，安乡县汤家岗、划城岗、度家岗，华容县车轱山，湘乡市岱子坪，平江县舵上坪，

城头山遗址发掘总领队何介均研究员、日方现场领队安田喜宪教授与参加城头山田野工作和室内分析、测试、研究工作的部分日本学者合影于国际日本文化研究中心（2001，京都）

泸溪县浦市，石门县皂市等数十处史前或商周时期古遗址，对湖南古遗址及各个时期遗址的特征了如指掌。

几乎每个遗址的发掘，何介钧都是直接领导者与组织者。经历多了，自然熟能生巧，当然少不了对这一行的热爱和悟性。作为考古工作者，对各时期的古文化要了如指掌，除了书本知识，还要认识古代遗物和遗迹。经过长期的田野实践，何介钧练就了这样的本领：漫步古遗址，随手拾起地上的一块陶片，他能立即说出是什么年代哪种文化的遗物、何种器物哪个部位的残片，让你不得不惊叹他这种超强的认知能力。殊不知，没有几十年的工夫，哪能练就如此火眼金睛和过硬的本领。

因为那次试掘有重要发现，所以1992年10月中旬，何介钧率领考古发掘队正式进驻城头山，拉开了大规模考古发掘的序幕。

从1991年至2001年，城头山考古大发掘连续进行了11年之久。这在全国的考古发掘中也是前所未有的。其中1998年至2001年这4年为中日联合考古。还有几次的考古发掘，集中了全国各地考古工作人员100多人，是当时全国最大的考古工地，场面声势浩大，蔚为壮观。

城头山城墙的解剖分几年才得以完成。1991年至1992年，首先解剖了城头山的内坡，发现在内坡上压着屈家岭文化和石家河文化的堆积。

石家河文化是铜石并用时代文化，距今4600～4000年，因发现于湖北省天门市石河镇而得名。

石家河文化鬶

为了继续揭开城头山筑城的真实情况，何介钧要求在继续清理西南探沟的同时，从古城的东南两面由内到外又分别开挖两条探沟，穿过城墙延伸到了护城河。因为他很清楚，光靠西南城墙一处是不能完整揭示整个筑城情况的。

就在对城墙西南探沟进行清理的过程中，考古人员突然从墙基中段又发现了一个新的文化层，从中出土的陶器则是另外一种屈家岭的典型黑陶，它代表的年代是距今5200年到5300年，比传说中的黄帝时期还早两三百年！

1996年12月，当西南城墙探沟剖面完全清理出来后，一个让人惊诧的画面出现在考古人员面前：一道宽8～10米、残高2米的墙体外坡竟然与大溪文化早期的壕沟内坡连为一个整体，由于在大溪文化土层下是完全的原生土层，城头山的历史上限也最终定格在大溪时期。

大溪文化是长江中游新石器晚期文化的较早代表，最早发现于四川巫山的大溪，距今有5300年至6500年的历史，当时的社会已经开始出现贫富分化。

为进一步确定城头山古城筑城的最早年代，何介钧与他的团队决定将发掘深入到城墙的最底部。当时正值寒冬，雪花纷飞，但他们仍然冒着严寒，继续往深部发掘。"将考古进行到底"，是当时所有工作人员心中坚守的信念。

果然，令人震惊的消息又从城内其他发掘区域相继传来……

灰坑遗物确证惊世奇迹

令人兴奋的消息传来之前，有很长一段时间，考古专家因为找不到城头山建城的具体年代的证据而丧失信心。但当他们在第一期城墙上面发现了一个具有特殊意义的灰坑时，所有人都为之一振，考古人员当时

屈家岭文化壶

认为他们是碰上了难得的好运气。

这个灰坑是在大溪文化时期的城墙里发现的，它是一个过去人类活动遗留下来的文化堆积。从里面出土了大溪文化时期的粗泥釜和红衣粗弦纹陶器及炭化木，经碳14测定有超过6000年的历史，因其包裹在第一期城墙里，显然筑城的时间不会晚于这个时期。也就是说，城头山古城的历史超过了6000年！

历经5年时间，何介钧率领的考古发掘队伍终于解开了高岗下的秘密，城头山成为目前中国最早的一座古城遗址。

到目前为止，全国共发现史前古城近40座，其中有20余座筑造于龙山时期，即新石器时代末期，距今4000多年。有十来座筑于距今5000年左右的屈家岭文化时期，或与其相当的其他考古文化时期。

在城头山古城未确证之前，中国已知最早的一座城为仰韶文化晚期筑造的位于河南郑州的西山古城，距今5300年。而城头山古城始建于6000年前，将中国古城出现的时间前推了1000年。

继这一震惊世界的大发现之后，1996年冬，城墙解剖工作一度陷入低迷状态，没有更多重大发现，考古工作者们决定将城墙从内到外解剖贯通。这次，终于又有了一个惊人发现——城墙底部出现了三块水稻田，测定年代为距今6500年。

这一发现，在世界上引起的震惊非同小可，

它是水稻起源于长江中游的一个有力佐证。

接着，在几丘田的西边较高的原生土上，发现了人工开凿的几个水塘及多条水沟，用以吸纳地面水和雨水。这些灌溉设施的出现，说明当时人工水稻田的形成已有了较长的时间。

令人震惊的发现不止于此。1997年冬，在城东发掘出了一座中国最早的祭坛。接着，又在城中发掘出了中国最早的类似宫殿的大型建筑……

随着发掘的深入，更多惊人的发现呈现在人们眼前：宽阔的铺有红烧土的城中大道，格局超前的居住区，规模化的陶窑区，统一规范的墓葬区……这些体现史前文明的重大发现让人目不暇接、叹为观止，同时也震惊了世界！

现在，城头山古城址正以它卓尔不凡的魅力，吸引着越来越多人的关注。

想知道城头山为什么会有这么多的重大发现吗？想了解城头山有什么神奇之处吗？在下面的篇章里，我们将为您逐次拂去6000年的风尘，揭开城头山的神秘面纱，领略它实至名归的影响力……

【第二章】

得天独厚

中国最早的城

为什么会诞生于洞庭湖滨的澧水河畔？

孕育它的这块土地究竟有什么奇妙之处？

它有哪些得天独厚的优势？

我们不妨一步步去探寻。

横空出世一座城

6000多年前，绵延逶迤的武陵山余脉被莽莽的原始森林所覆盖。典型的亚热带季风气候带来了充足的阳光、丰润的水土，使这里成了动植物生长的天堂；怡人的气候、丰富的野生果实、成群的飞鸟、出没的虎狼……也使这里成为早期人类赖以生存的家园。

澧水就从这里蜿蜒而下，穿过无数峡谷，流经一马平川的澧阳平原，注入烟波浩渺的洞庭湖。

那时候，平原上灌木丛生，植被茂盛；河网交错，沟壑纵横。随处可见的成片稻田、栖息的水鸟、悠闲的牛羊与象群以及散落居住的氏族部落，与平原上低矮的草屋、冒烟的陶窑构成了一幅恬美的画卷。

就在这片肥沃的土地上，一座凝聚着先民心血与才智的城垣横空出世，以其恢宏的气势，奠定了华夏文明的里程碑。它是历史长河中醒目的分水岭，把野蛮和文明清楚地区分开来。

在生产力低下的新石器时代，在蛮荒向农耕过渡的澧阳平原上，这座高大巍峨、雄踞一方的城垣，无疑是洞庭湖滨一座地标性的建筑，也是人们顶礼膜拜的心灵圣地，更是一道奇特的令人心驰神往的人文景观。

它的出现，表明了当时人们的意识形态已经发生很大改变，体现了人类告别野蛮向往文明的精神追求。它标志着人类社会进入到一个相对复杂的历史发展阶段，从此开始了漫长而艰辛的文明之旅。

为什么这座具有划时代意义的古城会诞生于澧阳平原？孕育它的这块土地究竟有什么奇妙之处？她有哪些得天独厚的条件？我们不妨一步步来探寻。

宜居的山前平原

城头山是澧阳平原西北部一处高岗的名称。这种岗地在澧阳平原上为数不少，一般都是早期氏族聚落的所在地。一直以来，当地人习惯把这种高岗叫做山、岗、台，如城头山所在的高岗也有人叫它徐家岗。

平均不到一公里就有一处古遗址，澧阳平原古遗址的密集度，是任何地方都无法比拟的。其中有名的古遗址除了城头山，还有彭头山、八十垱、鸡叫城、汤家岗、丁家岗、三元宫等。为什么澧阳平原会有这么多的

澧阳平原局部

古文化遗址呢？

澧阳平原地处武陵山脉到洞庭湖的过渡地带，西、南、北三面环山，东面向洞庭湖敞开，面积近500平方公里，是一个背靠大山、面朝大泽的山前平原。

它南有澧水相伴，北有长江护佑。古人云：水之北为阳，水之南为阴。因而有了澧阳平原名字的由来。这个名字最早见于南北朝著名地理学家郦道元著的《水经注》，民间也有澧水平原一说。

澧水是湖南注入洞庭湖的第四大河流，澧阳平原湖沼遍野、河流众多，除了主河流澧水外，还有道水、澹水和涔水等澧水的支流。虽然澹水现在因上游修建水库而隔断，但在城头山时代，它是水上的交通要道，通澧水到洞庭。

澧阳平原是洞庭湖盆地的一部分，洞庭湖盆地是在中生代洞庭坳陷的基础上发育形成的断陷盆地。在中国的史书记载中，"洞庭湖"这一名词最早出现在《水经注》里。有专家推断，在春秋之前，洞庭湖区并不大，那时更多属于河网交织的平原。而澧阳平原是洞庭湖西区面积较大的一块，也是在地质沉降区形成的冲积平原，属于武陵山脉与洞庭湖的过渡地带。因而它的土壤比较肥沃，湿地生态环境特别好，植物品种繁多。

澧阳平原的大陆性气候特点明显，常年雨水丰沛，光照充足，温暖湿润，具备人类繁衍生息的有利条件。

考古学家研究表明，早在数十万年前的旧石器时代早期，澧县境内津市的虎爪山人已经大胆地走出大山、走出洞穴，迁徙到河流边的台地，游荡于旷野上，其主要的原因，就是平原上丰富的水源以及渔猎的方便，还有比大山里更为丰富的可供食用的野生植物。所以，澧水一带的先民迈出的人类向平原进发的步履，一点也不晚于北方旧石器时代的人群。

澧阳平原出现发达的农耕文明，绝非偶然。这一地区位于北纬

29° ～30° 之间，正好处在古代野生稻分布的北部边缘。由于洞庭湖地区冬季寒冷，不可能依赖采集野生稻作为稳定的食物来源，于是，人们被迫开始驯化培育野生稻，并逐步走上辉煌的稻作农业之路。同时，典型的季风气候与疏松肥沃的冲积与沉积平原土地，也为农耕文明的发展提供了得天独厚的优势条件。

在平原上生活，除了可以农耕和获得更多的食物来源外，最主要的是进退自如，既可以凭山冈躲避洪水来袭，也可以凭借一望无际的视野防范猛兽侵犯。所以，人类在居住环境的选择上，开始有意识地寻求这种"前有照、后有靠"的"宝地"。所谓"前有照，后有靠"，指的是一个好地方，前面要有宽阔的水域，后面要有山可靠。因为水是万物之源，有水才能生活。而水面像镜子一样，有"照"的意思，所以叫"前有照"。"后有靠"，就是指靠山。背后有山，可以依赖，心有所依，也必定安稳安逸。因此，"前有照、后有靠"讲究的其实是人与自然、人与环境的和谐相处，有远瞻之力而无后顾之忧。

城头山所在的澧阳平原，正好是这种"前有照、后有靠"的风水宝地。其地理特征的多样性注定了生态环境的多样性，这无疑给早期人类的生存提供了更多的空间。古城诞生在此，也就不足为奇了。

远去的大象

澧阳平原所处的地理环境，特别适宜动植物的繁衍生息。而现有的考古资料显示，这里曾经是大象等野生动物的生活乐园。

我们知道，大象现在广泛分布在非洲撒哈拉沙漠以南和南亚及东南亚以至中国南部边境的热带及亚热带地区。说明大象生存要有适宜的环境和温度。

但考古资料显示，远在5万年以前的旧石器时代，长江以北地区生活着大量的野生大象。那时，北方气候温和，到处都生长着和南方一样的树木和竹子。可后来，随着气候逐渐变冷、荒地大量开垦，生长在北方的动物逐渐南迁，大象也随之迁徙到了长江中下游。我们在小学课本上就读过"曹冲称象"这个故事，说明当时还有少量大象在孙权所辖的长江中下游地区活动。而地处澧阳平原的城头山，正处在中亚热带北缘和北亚热带的南缘交互地带，温暖、湿润的森林、草地及河湖沼泽环境，为大象提供了绝好的生存环境。

在城头山遗址的考古过程中，科学家通过多次的土壤调查，发现了大量保存完好、种类丰富的植物遗存，其中大部分种类在我国考古遗址中尚属首次发现，比如金刚栎。

在城头山6000多年前的植物中，除了稻谷，还有很多可以食用的植物，如薏苡、栗、芡实、利川慈姑、细果野菱等含淀粉植物，桃子、野李、冬瓜、黄瓜、小葫芦等瓜果类植物，等等。同时，在城头山遗址中发现的草本植物占其总植物量的66%，这些植物很多是食草动物的食物来源。这些植物的种类如此丰富、采集如此便利，为人类与野生动物的

冬瓜（右为现代冬瓜种子）

香瓜属（左为现代香瓜种子）

马𪨶儿

小葫芦

水鹿左侧角 　　　　　　　　　　象月骨、距骨残片

生存提供了充足的天然食物资源。

　　在城头山10多年的考古发掘中，发现了众多的动物遗骸。其中，除了猪、水牛、黄牛、狗、鹿、麂、龟、蛙以及数不胜数的鸟禽类外，还发现了四块大象的骨骸——大象的月骨、距骨、趾骨等。

　　据此，我们可以想象6000年前先祖的故园——当时的澧阳平原，气候温暖而湿润，较现代气温应该略高；高大繁茂的杉树、松树处处可见；野鹿、大象、野牛在丛林和原野中出没。

　　可岁月流逝，随着人类文明的进步，很多动植物赖以生存的环境被破坏，很多曾经与人类朝夕相处、休戚与共的生灵不辞而别、悄然远去，在澧水流域很难再找到它们的身影……

　　如今，6000年前澧阳平原的自然环境，只是一个值得我们怀想的美丽天堂与家园。正是远古这个美丽的家园，孕育了城头山，诞生了中国最早的城。

先祖留下的"珍珠"

澧阳平原的自然环境特别适宜人类的生存与发展。而澧阳平原最早的人类遗址在哪里？旷野之上，何处有先祖的遗存？

现已发现的古人类遗址，大都位于山洞中，这与旧石器时代低下的生产力有关。

目前湖南省发现的一处年代最早的旧石器时代遗址，位于澧阳平原东部边缘的虎爪山。虎爪山自西往东，从古大同国家森林公园的山麓像虎爪一样伸向澧水。1988年4月，考古人员在此发现了20余件表面光滑、有打制痕迹、与粗糙山石完全不同的石器。经考古鉴定，这些石器就是虎爪山人最初的生产生活工具。虎爪山遗址的发掘证实，早在50万年前的旧石器时代，澧阳平原已有人类活动的迹象。

但虎爪山并未发现人类化石。目前最早的湖南人——5万年前的"石门人"，栖息在石门县皂市镇十家坪村的燕儿洞里。从人类活动的痕迹来看，有5万多年的历史，但从发现的人类骨化石鉴定，距今为2万至3万年。

燕儿洞是悬崖峭壁上的一个天然溶洞，距城头山仅几十公里之遥。据说，每年冬去春来时，就会有燕子从四面八方来此繁衍生息，成为当地一大趣景。

发掘燕儿洞时，在洞里发现了犀牛化石、东方剑齿象象牙化石，还有猕猴、豪猪、竹鼠、虎、豹、獾等100多件化石，50余件石制品，还有一段人类左股骨化石、1件下颌骨以及数颗完整牙齿。

可惜的是，燕儿洞已经湮没在皂市水库的茫茫大水中了。如今，这里山清水秀，成了钓鱼爱好者的天堂。

燕儿洞之后，又接二连三地发现了鸡公垱文化、乌鸦山文化、十里岗文化，并在临澧新安华垱发现了澧阳平原最早的，距今约13000年的陶器，在临澧竹马又发现了11000年前人类居住的遗址。

大约8000～9000年前，澧阳平原中部出现了彭头山文化。它是长江流域最早的新石器时代文化，离城头山只有1公里远。考古发现的遗迹有地面式、浅地穴式建筑遗迹和以小坑二次葬为主的墓葬。

出土遗物中石器大多数都是打制石器，既有大型砾石石器，也有黑色细小燧石器，与本地旧石器时代晚期传统区别不大。陶器制造古朴简单，胎泥中夹有炭屑，一般呈红褐色或灰褐色。

在这里还发现了世界上最早的稻作农业痕迹——稻壳与谷粒，为确立长江中游地区在中国乃至世界稻作农业起源与发展中的历史地位奠定了基础。

几乎在同一时期，离城头山十多公里的八十垱也出现了一个聚落。它属于彭头山文化，也是一处新石器时代早期遗址，距今约8000～7000年，面积约3万平方米。

在八十垱，发现了环绕聚落的围墙、挡水坝以及大量的墓葬和以干栏式建筑为主的居住房址。此外，还出土了大量的陶器、石器、骨器、木器、百余种植物杆茎与果核。出土的数万粒炭化稻谷、稻米，其形态保存完好。

这一发现对研究稻作农业的起源较之彭头山遗址具有更高的突破性价值，而且对中国史前聚落形态和环境的研究、对稻作起源与原始农业的产生都具有重要价值。

之后，在洞庭湖平原和澧阳平原的交界处安乡县出现了汤家岗文化，它比城头山早500多年，离城头山大约50公里。

汤家岗史前文化遗址，共占地4万多平方米，是介于皂市下层文化与大溪文化之间的文化类型，具有多种文化标杆性文物。汤家岗出土的白衣红陶盘、陶豆、陶鼎、陶纺轮和日常生活器皿中，呈现出史前文明的清晰脉络。

在汤家岗首次发现了原始人头骨和用于"活人祭"的坛装整体婴儿遗骸；发现了初具城堡雏形的土围环壕；还发现了部落首领宫殿式建筑

石刮削器

群遗址，大量的动物残骸和炭化木、炭化稻米，精美的彩色白陶器皿和用于制作的白膏泥。

这些重大发现充分反映了汤家岗的先民们，已开始了由自然狩猎采集生活方式向粗放畜养种植生活方式的过渡，具有了原始社会向奴隶社会过渡的显著特征。

汤家岗文化遗存与澧县丁家岗遗址早期地层和城头山遗址早期地层有相似之处。到了城头山时代，基本处于大溪文化时期。

大溪文化是以重庆巫山大溪遗址而得名，是长江中游三峡地区发现的新石器文化，距今为5300～6600年。它包括了湖北宜都红花套、枝江关庙山、松滋桂花树、公安王家岗、湖南澧县三元宫和丁家岗、安乡汤家岗和划城岗等10多处遗址。

大溪文化的陶器以红陶为主，陶器上普遍涂上红衣。石器中有一种两侧磨刃对称的圭形石凿，非常特别；也有石斧、石锛、石刀等。

大溪文化的房屋多为红烧土和竹材制成。大溪居民的农业以种植水稻为主，遗址中发现了大量稻壳标本。

城头山遗址提供了完整的大溪文化陶器的演变过程。大溪文化通过澧阳平原在洞庭湖区扩散，影响了长江流域2000多年。

从50万年前的虎爪山文化遗存到6500年前的城头山聚落，先人在求得生存繁衍的过程中，逐渐认识自然和自身，也进化着自己。从打制石器到磨制石器，从茹毛饮血到炊煮熟食，从身无寸缕到着麻穿纱，从广谱采集到种植庄稼，从发明手工制陶到轮制陶器，从穴居山洞、旷野游移到平地筑屋，从与野兽相争到驯养家畜，从一般村落到环壕聚落……先人们在漫漫长夜中摸索着一步步走向黎明，构成了文明历史的主线。从这条主线上可以看出，人类的遗迹遍布澧阳平原。

以上这些早期文化，为城头山的形成奠定了良好的基础。这期间，聚落数量急剧增加，整体发展水平略高的城头山后来修筑了城墙和护城河，而城墙和护城河的修建就利用了周边聚落的力量。也可以说，城头山成了周边聚落的中心，带动着他们的发展。

可见，在建城之前，澧阳平原的聚落与人口已经达到一定数量。那么，他们的主要食物来源是什么呢？

屈家岭文化陶盆

寻找稻作之源

小麦起源于亚洲西部，玉米起源于美洲中部，那稻谷起源于哪儿呢？早先，一些专家一直认为稻谷起源于印度，因为在印度不仅发现了世界最早的棉花，还发现了6000年前的栽培稻。

但是，1973年浙江河姆渡遗址发掘后，在地层中发现了谷壳、谷粒、秕谷等遗存，堆积厚度达40多厘米，计算稻谷总量在120吨以上，年代在7000年前。比印度发现的栽培稻早了1000年，稻谷的起源不得不重新认定。

中国的考古比国外晚了100多年，不然，也不会可能有稻谷起源于印度这一说。20世纪初，当国外的考古专家纷纷进入中原考古，考古才逐渐引起政府的重视。直到20世纪70年代后期，中国才进入考古的黄金期。河姆渡遗址发掘后，又陆续发掘了几个时代比较早的遗址。其中，要数澧阳平原八十垱遗址最有意义。在八十垱发现的已经炭化的人工栽培稻谷，比河姆渡还要早1000多年。

到了1995年，当湖南道县玉蟾岩发现了距今一万多年的人工栽培稻时，就彻底推翻了稻谷起源于印度这一说法。

就目前已知的考古发现，稻谷起源于长江流域是不争的事实，但最早的起源地究竟在哪儿呢？

据专家分析，就同一时期来说，河姆渡的稻谷比例中，栽培稻的比例为27.4%；而澧阳平原八十垱出土的栽培稻比例为47.1%；城头山的栽培稻比例为78.6%。且从稻谷形态特征的演变速率上看，长江中游早于长江下游。长江中游密集的水网为稻谷栽培创造了优越条件，澧阳平原肥沃的土质和成片平整的土地，为稻作农业集约化灌溉和管理提供了便利条件。

有必要强调的是，1986年，考古工作者在距城头山仅一公里的彭头山遗址中发现了距今8000～9000年的人工栽培稻。但当时的稻谷作为掺和料与泥土一起制作成陶器入窑经过高温烧烤后已经完全炭化，无法从陶胎中完全剥离出来。因此，虽然推论为世界最早的栽培稻，但因无法进一步对其作硅质体、遗传基因乃至形态学的分析，终究难以取得更为科学精确的依据。

20世纪90年代，在对澧阳平原东部另一古文化遗址八十垱进行发掘时，获得了相当丰富的稻作农业新资料。在距地表4.5米深的古河道漫滩部位，出土了8000年前的稻谷和1.5万粒以上的大米，数量超过了国内已有发现收集到的总和。这些稻谷和大米保存状态极好，研究证明是一种兼有籼、粳、野特征的倾籼小粒型原始古栽培稻。这一突破性的发现，对研究稻作农业的起源较彭头山遗址具有更高的价值。

而世界上最早的稻壳实物标本，是1993年在湖南道县玉蟾岩发现的。在玉蟾岩发现的3粒半稻谷标本中，其中有1粒具有人工初期干预痕迹，是一种由野生稻向栽培稻演化的古稻。

彭头山和八十垱虽然发现了距今八九千年前世界最早的栽培稻，

城头山遗址第二期环壕出土的大米

033

但要在国际学术界形成无可争议的共识，还需要提供一项必不可少而又具有说服力的证据，那就是寻找到当地聚落种植的水稻田。而目前发现的最早的水稻田，就是城头山城墙下6500年前的古稻田。在这里，人们还发现了与稻田配套的科学、完备的灌溉设施。

城头山这一世界上目前已知的最早水稻田的发现，与彭头山、八十垱发现的世界最早的人工栽培稻一起，共同确证了中华民族在驯化和栽培稻谷这一世界伟大事业中的历史功勋，也最终证明水稻的发源地是长江中游的洞庭湖区。

远古时代，水网发达的洞庭湖平原是成片野生稻的生长地，而澧阳平原丰富的水陆动植物资源为人类的定居、农耕、水利浇灌等提供了得天独厚的条件。

当最早从山上走向平原的先民发现有大量容易采集的野生稻时，不由对这片神奇的土地产生了浓厚的兴趣。随之，以狩猎为主的原始生存方式也发生了彻底改变。

于是，越来越多的人从山上走了下来。为满足更多的采集，就有了野生稻向栽培稻的转化以及稻种的培育与驯化，只是这一过程相当漫长。

稻作文明是澧阳平原农耕发达的基础，也是产生城的一个决定因素。除此之外，人口与聚落也是产生城的一个不可或缺的重要因素。其中，具有统领作用的中心聚落对城的形成至关重要。那么，在当时的澧阳平原上，中心聚落在哪呢？

独领风骚的中心聚落

人类从出现群居开始，就出现了等级区别。

在那些群体结构比较紧凑的灵长类动物社会里，我们不难发现，绝大多数群居动物都由一个雄性的头目率领，其他的雄性则依据身体与战斗力的强弱分成不同的等级。在这种雄性为尊的社会里，不论雌性的身体和战斗力如何，其社会地位都是低于雄性的。而当母性在社会中占主导地位时，在雌性中间也存在着类似的等级差别。

人类社会的等级是从动物社会的等级差别中演变而来的。

进入母系社会后，人类从旧石器时代过渡到了新石器时代，生产工具有了大的改变，由粗糙的打制石器变为精加工的磨制石器以及骨制工具、木器工具等在很大程度上提高了生产力。

随着生产力的发展，劳动有了分工。聪明的和有技术的人从采集、农耕与渔猎中分离出来，开始从事物品的保管与分配或专业制陶、工具加工等。

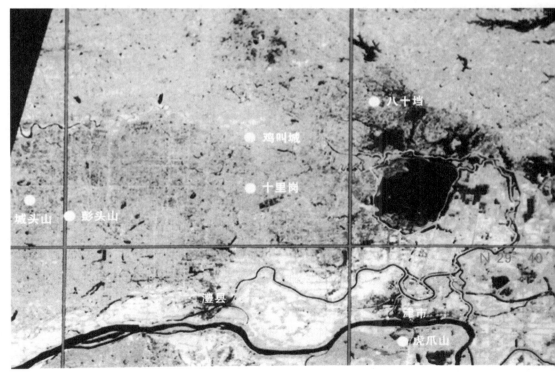

澧阳平原重要史前遗址位置

只要分工不同，在很多方面就会造成差别，甚而出现权力。比方，工种好的人相对工种差的人，必然会产生优越感，而优越感就会形成等级观念……

到原始社会末期，生产力水平相对于人类需求发生了质变，人们创造出的产品除了能满足生存活命这一本能需求外，已经出现剩余。于是，在等级中处于上等的一少部分人成为统治者，他们避免强体力劳动，通过才智与工具来占有剩余财富，让不劳而获成为可能。

城头山所在的澧阳平原更是如此。随着生产力的提高，人口聚落越来越多，群体结构也越来越复杂，等级差别也更为明显，各种矛盾和纷争也越来越多。于是，各阶层对公权力的呼唤也就越来越强烈！

在当时，公权力的诞生除了民心所向这一基本要求外，还有一个最重要的因素，那就是强大的物质基础。

而城的出现，无疑就是公权力的确定！

早城头山2000多年的彭头山就在离它一公里远的地方，早它1000多年的八十垱也在离它不远的地方……为什么只有城头山出现了城呢？

这些共存的聚落群有一定的内在关系，但因人口的多少与势力的强弱，各自的地位也就不一样，他们在澧阳平原上形成了跟金字塔一样的等级体系，组成了一个联合体，遵从于处于塔顶的那个强大聚落——城头山。

城头山的强盛，有多方面的原因。其中比较重要的一点，就是天时地利人和。它位处澧阳平原的中心地带，不仅稻作农业水平高，制陶业也相当发达，自然成了物物交换的中心场所。这种最初的交易促进了城头山的发展，它的物质基础日趋雄厚。为了稳固自己的地位，城便呼之欲出。

从此，一个社会体系初具规模。

城头山城的诞生，除了以上原因，还有一个鲜为人知的秘密，那就是——

北纬30° 的又一奇迹

2012年7月22日，CCTV-1和CCTV-4"北纬30° 远方的家·中国行"节目组来到澧县城头山拍摄节目，对城头山的神奇之处进行了介绍。中央电视台为什么会来到城头山呢？

我们先从神秘的北纬30° 说起——先说一个北纬30° 的世界之谜。

1945年4月16日，2000多吨级的日本运输船"神户丸"行驶到北纬30° 的江西鄱阳湖西北老爷庙水域时突然无声无息地失踪，船上200余人无一生还。其后，日本海军曾派人潜入湖中侦察，但下水的人除山下堤昭外，其他人员全部神秘失踪。山下堤昭脱下潜水服后，高度惊恐，接着就精神失常了。

城头山的地理位置

抗战胜利后，美国著名的潜水专家爱德华·波尔一行人来到鄱阳湖，历经数月的打捞仍一无所获，除爱德华·波尔外，几名美国潜水员再度在这里失踪。

这是一个自然界的未解之谜。而这种自然界的未解之谜在北纬30°还有很多很多……

北纬30°线附近的区域，是地质地貌最纷繁多样，自然生态最奇特多姿，物种矿藏最丰富多彩，水文气候最复杂多变，自然之谜、神秘现象最集中多现，远古自然奇观和人类史前文明遗迹最为集中，也最为神秘的区域——

地球上海拔最高的珠穆朗玛峰和最深的西太平洋马里亚纳海沟位于北纬30°地带；世界上几条著名的大江大河——美国的密西西比河、埃及尼罗河、中国的长江等都在北纬30°区域入海；古埃及金字塔群、狮身人面像、死海、北非撒哈拉沙漠达西里的"火神火种"壁画、古玛雅文明遗址、复活岛巨石人像、古巴比伦的"空中花园"、传说中的大西洲沉没处、恐怖而神秘的"百慕大三角"……也都在北纬30°附近。

屈家岭文化陶杯

四大文明古国——古中国、古印度、古埃及、古巴比伦差不多都是在北纬30°起跑。

北纬30°线在中国长达5000多公里，在这5000多公里的带状地带内，景观集中而均衡，龙三角、鄱阳湖三角、地球上最深的峡谷——雅鲁藏布江大峡谷等都是世界级的大景观。

中国在这一纬线上也有众多难解之谜：因巫山人、长阳人、郧阳人而成为人类起源地的大三峡就在这条线上；巴文化、楚文化发祥地也在这条线上；著名的三星堆遗址、千年花山谜窟、神农架都在这条线上。还有很多我们不太熟悉和了解的神秘地方，比如，经常发生人畜神秘失踪现象的四川省峨边彝族自治县的黑竹沟；需要重兵把守的安徽省含山县一个新石器时代的宝藏；四川雅安蒙顶山山背上的奇特图案；只要举行了求雨仪式就会下雨的安徽省池州市等……

因此，美国哈佛大学的艾尔曼博士写了一本书——《神秘的北纬30°》，书里为读者讲述了发生在北纬30°的许多神秘而有趣的自然现象。此书一出，立即在全世界掀起一股北纬30°现象的关注热潮。

连中央电视台也为北纬30°的魅力所吸引，由《远方的家》栏目制作大型纪实特别节目《北纬30°·中国行》，以全面展现北纬30°沿线的自然风光、历史文化、民俗风情和普通百姓的生活状态，其中就专程来到了澧县城头山。

城头山位于东经110°40′，北纬29°42′，正是北纬30°附近。

这里有中国最早的古城址、世界上最早的人工水稻田、中国最早的大型祭坛……这些令人震撼的发现，是城头山为北纬30°增加的又一奇迹。同时，北纬30°的神奇也给城头山增添了神秘无穷的魅力。在后面的章节里，我们会知道北纬30°对城头山的演变也有着神秘莫测的影响。

城头山的发掘现在只是冰山一角，我们期待城头山更多的奇迹大白天下。

【第三章】

古城神韵

宽阔的护城河，

高大的城墙，

环绕着这座雄踞一方的古城。

城墙的东西南北，

各开有一道城门。

城内有贯穿四门的城中大道。

南门，

有一条通往城外的陆地通道……

城的源头在哪里

"城头山——中国最早的城市"，上海世博会上如此隆重的介绍，让城头山自此站上了世界大舞台。

为什么敢说城头山是中国最早的城呢？

什么叫城？按照我国考古先辈苏秉琦先生的话说：找到了夯土就找到了城。从这点上说，城头山城已具备典型的夯土特征，但仅有这一点是远远不够的。

中国早期城的概念，应包括三个方面：一、要有夯土墙的存在；二、夯土墙应该是具有合围性质的，尽管这种合围墙有可能会利用一些自然屏障；三、夯土墙必须伴随外围城壕或者护城河的存在。综合起来可以这样说：由护城河与合围性夯土墙共同组成的具备双重防御功能的建筑就叫城。

夯土墙是城概念中最关键最重要的元素，尽管它往往还会有护城河的伴随而构成双重防御，但护城河是因为夯筑土墙鸠工取土形成的，当人们知道利用挖出的壕沟来划出聚居地的区域界线，以防御野兽侵袭的时候，也会产生一些无意识的土堆积，但这时还绝对不能说城墙或者城已经形成。只有当人们知道用夯筑的方法能把土墙筑得更高更大更坚实，这时人类创造文明的思想观念才产生一个质的飞跃，城的概念也才因此而诞生。

"城"字最早出现在中国西周中期一个叫班簋的青铜器上，是穆王时毛班所作，所以叫班簋。簋是中国古代用于盛放煮熟食物的器皿，也用作礼器，流行于商朝至东周。班簋在八国联军侵华时散出，后经拣选修复，现存首都博物馆，属国家珍贵文物。

城，金文中的城也就是班簋上刻的𩫔字，由左右两部分组成，左边是一个代表环绕村邑护墙的圆圈，上面是一个城楼的形状，下面是这个城楼形状的倒影；右边是一个拿弓箭的士兵，弓箭面向城楼。古人造字相当聪明，因为只在水中才有倒影，这就说明城外是护城河。成字，既是声旁也是形旁，象形字中用拿着弓箭的士兵来表示，说明用武力实现霸业。城字造字的本义是：有廓墙和护城河的双重防御，并配备武装保卫的都邑。

《说文解字》这样解释城：城，以盛民也。从土从成，成亦声。其

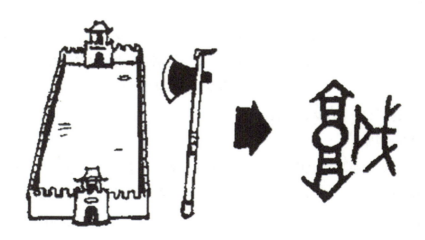

𩫔（班簋上刻的"城"字）＝𩫖（郭，环绕村邑的护墙）＋𢦏（成，用武力实现霸业）

实"成"不仅仅是声，"成"意为百分之百、完全。"土"指很高的土堆。"土"与"成"结合起来表示完全用土垒筑的墙圈，也可以说是百分之百的土筑墙圈。

关于城的概念，《辞海》是这样解释的："城：旧时在都邑四周用作防御的墙垣。一般有两种：里面的称城，外面的称廓。"这里解释的应该主要是指后期发展成熟的城。人类从早期集居挖围壕弃土闲置，到夯土成墙，现代人看起来是一个很小的变化，但这在当时却是人类文明进步的一个质的飞跃。

延伸开来，城还有容纳保护民众的意思。

现在的城指人口聚集的地方，市指商品交换的地方。所以城市是指人口密集、工商业发达的地方，通常是周边地区政治、经济、文化的中心。

那城头山定义为城的起源，有没有这方面的含义呢？了解城头山后我们不难发现，它已具备了这些条件的雏形。

中国著名城市历史研究专家、同济大学董鉴泓教授认为，一个文明发源地能不能称得上城市，要看它是否具有固定的居民点、防御性设施以及手工业作坊和商业集市四大要素。考古证实，这四个要素，当时的城头山都已完全具备。

城头山古城址蜚声国内外，是因为它具有丰富而又深刻的历史文化内涵。要了解它的历史文化内涵，首先应当明确一个问题——城头山是一个古城遗址。

作为人类早期的聚落遗址，也许比城头山早的不在少数，但作为古城址，全国最早的城目前发现的还只有城头山。

一张航拍图

城头山是1979年进入人们视野的。那时候，人们虽然猜测它可能是一处遗址，但还不知道它的神秘所在。后来，考古工作者找到了一张20世纪50年代城头山的航拍图。其实，这张图早已经透露了城头山的秘密，只是当时的人们并没有在意。

航拍照片上明显显示，圆形的城垣和护城河十分完整，并可见北、东、南三面有豁口，应为城门所在。从豁口往中心地带有明显的道路，并以南北向和东西向交叉成十字。

航拍图上显示城墙和护城河遗迹非常明显，城墙虽为残垣，但从城外丈量，尚保存有5～6米的高度。城墙外坡之下环绕着护城河，目前保存完整的是西南至北门的一段，长约460米，宽约40～50米，深约4米。

城头山遗址现状航拍图

大多段落距城墙外坡仅2～3米。南门东门外城墙与护城河之间呈尖角状突出，形成缓冲地带，最宽处达40～50米。

1991年冬，由湖南省文物考古研究所主持，对城址进行了第一次实测。实测的结果是：城的总面积为8万平方米，城外圆直径325～340米，内圆直径315～325米。城内中心点地面比城外平原高3.6米。

考古工作者经向当地村民调查得知：部分城垣为1958年平整土地时推平，而有些段落的护城河也同时填塞变为农田。

城头山遗址整体呈圆形，城为何是圆形？有专家推测，这很可能是因为原始人对太阳的狂热崇拜。

中国城邑后来多受"天圆地方"思想影响，呈方形。但在初创时期，主要是仿效圆形房屋和环壕聚落的格式，呈圆形。甚至还有学者推测，这是先祖们成功运用"多边形中圆形面积最大"的几何知识的结果。

看过这张珍贵的航拍图，再根据后来的考古发掘，我们可以大致勾画出当时城的总体结构——

宽阔的护城河、高大的城墙，环围着这座雄踞一方的古城。城墙的东西南北各开有一道城门，南门外有一条通往城外的陆地通道。

城内有通向四门的十字路，东西走向的道路由红烧土铺成，更为宽阔。

城内的功能区划非常明晰规整，城西偏南紧邻城中心的位置为居住区；城的中心偏西的位置是制陶作坊区；城中心稍偏西北的位置为墓葬区；城中有宫殿式建筑，城东是一个高高隆起的祭坛……

从城的结构就可以看出，城头山已经具备"都市"的典型特点。

6000多年前的一座古城被规划得如此井井有条，这不能不让我们对城头山的先民刮目相看，肃然起敬。

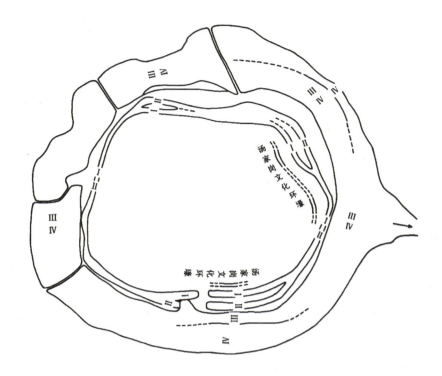

城头山遗址各期环壕、护城河平面分布复原图

四次筑城

经过十多年的考古研究，学界已经得出结论，城头山古城有过四次筑城经过，最早的一期城墙在6300年前筑成。

现在，每当人们来到城头山，首先都要去参观它的西南城墙剖面，上面清楚地展现了从6300年前开始的第一期到第四期城墙，界限清晰分明。人们面对沉静的土墙，看到那些像树的年龄一样的分层，心中是否想知道，那纵横6000多年的堆积，又记录着怎样惊心动魄的历史呢？

几十万年前，我们的先民开始在澧阳平原活动。大约一万年前，他们结束了长期的漂泊终于定居下来，安心地种稻制陶。为了抵御野兽的侵袭，他们挖出了深深的壕沟，这也是原始人类最早的防御形式。在得天独厚的自然资源和城头山先人的智慧勇敢相结合之下，日渐强盛的城头山逐渐成为澧阳平原的中心聚落。为了巩固自己的地位、防御洪水和野兽的侵袭以及外族部落的掠夺，他们决定建造更有效的防御体系。

第一次筑城之前，城头山早已是一个大型的环壕聚落。因为有了过去壕沟防御的经验，他们在距离旧壕沟外7～8米的生土面上又开挖壕沟。可能他们当时认为城头山的面积太小，于是又向外围作了扩展。新挖的土就堆在了壕沟的内侧，成了第一期城墙的基础。

第一次筑城时间是大溪文化早期，距今6300年前。

夯土分两大层，由壕沟开口往上，将岗地生土削成斜坡，然后夯筑。现残高2米多，墙基宽10米左右。

第一期城墙顶宽5.2米、底宽8米、高1.6米，两侧为城墙的内坡与外坡，外坡之下即为壕沟。这组数据表明，第一期城墙并不算高，但正好建在整个岗地的边缘，而岗地外修造了深4米的壕沟，壕沟的开口与岗地有1米多的高差，将岗地边缘削成斜坡，城墙与壕沟之间用斜坡过渡

城头山二期环壕外坡护坡

第三章 古城神韵

049

衔接，这样从沟底到第一期城墙高差达7~8米，完全可以组合起来形成有效的防御。

第一期城墙一用就是几百年。也许是岁月的侵蚀，也许是风雨的冲刷，也许是外部落的骚扰，第一期城墙渐渐显得力不从心，连壕沟也几乎被淤塞了。于是在这种情况下，城头山的先民们开始了第二次筑城。

第二次筑城，距今5800年左右。

第二期城墙顶宽1.35米、底宽9米、高2.5米，系黄色黏土垒筑而成。其外坡之下即为与之配套的壕沟，深2.75米。壕沟加上城墙，高达5.25米，有现在两层楼高。

第二期城墙因为高大结实，使用了更长的时间。但随着城内人口激增、部落急剧扩张，第二期城墙已经无法满足人们的需要。另外，城头山二期城壕内堆积了大量的居民生活垃圾，这也意味着，这一时期城墙和壕沟的功能正慢慢丧失。

于是城头山第三次大规模筑城应运而生。

第三期筑城是屈家岭文化早期，距今约5300年。

城墙是紧贴着第二期城墙的外坡和内坡，将其加高加宽。其外坡底部开口距地表3.25米，内坡底部开口距地表1.25米，高度已经突出地表。

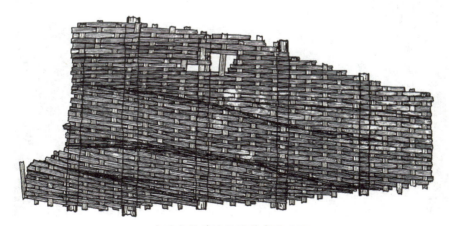

大溪文化外坡护坡芦席平面图

这次建造，与前两次筑城有了很大的变化，突出的特点是出现了大规模的扩张，将城内面积一下扩大到了8万平方米。

随着城头山影响的快速加大、实力的迅猛提升，时隔不久，距今约4800年的时候，第四期城墙开始在第三期城墙的基础上加建。

第四次筑城工程最为浩大，主要是向城内方向大大加宽，夯土层为一层大块土夹一层河卵石，所以与第三次所筑城界限相当分明，且夯土内涵截然不同。这时城墙顶部已加宽至13米，而墙基宽至37米以上。城墙的外坡下开挖了一条口宽约50米、深约3米的宽大的护城河。

第三期、第四期筑城，最大的变化、也是最大的壮举，是使大型壕沟变成了更为宽阔的护城河。

此次筑城的土方估计不少于10万方，这使得城墙更加巍峨高大，再加上城外宽35米的护城河，整个城头山城看起来气势雄伟，蔚为壮观。

到此时，城头山已完成了四次筑城，先民们通过1000多年的艰苦奋斗，终于在华夏民族的大地上成就了一处人间的奇迹。

缔造史前奇迹

城头山的城墙长1100多米、顶约13米、高10米以上，即使放到现在，也是一个不小的工程。在五六千年前的新石器时代，生产力低下，能完成这一庞大工程，绝对是一个史上奇迹。

城头山的发掘资料表明，第三、第四期城墙要远比第一、第二期宽大，在城的许多地点，城墙均有外扩。与此相适应，墙体之外，则是宽达约50米的护城河。这远非原来的小城壕可比，工程量比原来翻了很多番。

这条护城河绝非简单地开挖土方即可，而是在护城河的沟内坡、外坡都使用了大量的木柱、芦席捆绑的护坡设施，有的部位还有大块砾石筑成坡岸。这种复杂的工程，令人叹为观止。

日本考古学家高桥学和河角龙典估算，仅就建造城头山第三、第四期城墙的规模和用工量，以南门和东北城墙、护城河所留下的切面进行估算：若以南城探沟显示的尺寸，要建成完整的城墙和护城河系统，需要劳力约47万人次，按每天人均一方计算，如果每天投入200个成人劳力，需要6～7年；以东北城墙和护城河估算，需要总劳力约20万人次，如果每天投入200个成人劳力，则需要2～3年才能建成。

这样庞大的工程量，只靠城头山人是完不成的。考古学家从田野的调查资料得出结论，在城头山周边方圆数十平方公里的范围内，分布着众多的原始社会聚落，它们以城头山为中心，形成一个相对复杂的社会体系，遵从一定的规则和秩序，与城头山唇齿相依甚至血脉相连。役使这些外族部落来参与修建城头山城的工作，成为一股必不可少的力量。

专家们通过分析认为，第三、第四期城墙与第一、第二期城墙之间的差异表现在如下几个方面：一是它改变前期那种平面空间向外大幅度推进的作风，第四期城墙完全是在第三期城墙的外坡上加筑而成。二是第一、第二期城墙往往随地形地貌向外推进，城墙可能并非封闭，壕沟也可能并非封闭。而第三、第四期城墙的护城河是封闭的，城墙除南门、东门可能有通往外界的门道外，其余都是封闭的。三是第一、第二期城墙及壕沟形状并不规则，有弯的也有直的，故城的形状也不规则。而第三、第四期城墙及护城河所形成的古城却是圆形的，显然有着严谨的规划。

第三、第四期城墙是将城头山有目的地当做一个城池来修建，完全把城内与城外隔离开来，其高大的城墙和宽深的护城河构成一道难以逾越的防御屏障。其作用已经不是简单的排涝防洪，而用于军事防御的功能已完全显现出来。如此看来，当时城头山已进入非常时代。缔造这个奇迹，也是迫不得已。

护城河的变迁

我们从20世纪50年代航拍的城头山地图上，可以清晰地看到护城河的大小。6000年前，护城河围绕古城一周，总长约1200多米、宽约50米。即使是现在，也是一个了不起的大工程。

护城河是怎么形成的呢？古人是怎么想到这么精妙的防御方式的呢？

现在已经能肯定的是：护城河的前身其实是壕沟。有丰富的考古资料表明，挖掘壕沟防御野兽的侵袭，是古人最早的一种安全防范措施。早在城头山之前的2000年前，北方内蒙古的兴隆洼先民就已经利用壕沟防止被野兽侵扰。但南方的壕沟和北方相比，还有另一种功能——排涝和灌溉。

城头山西南城外护城河残迹

城头山壕沟的挖掘和利用，其实是有其自然背景的。城头山所处的地理位置正好位于澧阳平原上海拔45米等高线的最北边缘，属于澧水北岸二级台地的前沿。这样的地貌，最适宜稻作农业的发展。稻作农业需要近水以利于灌溉，城头山的稻作文明也因此发育、发达。

但是，低地势同时也容易遭遇水患。在这样的地方居住，必须要考虑积水防水的问题。

所以，壕沟对于稻作农业发达的澧阳平原的城头山人来说，不但可以防范野兽和敌对集团的侵略，还能成为一种首选的排水系统，疏通积水。

对于城头山的选址，先民经过了慎重的考量，然后再在住地四周开挖壕沟。他们把挖沟的土又有意识地夯筑到壕沟的内侧形成一道高墙，进一步加强了城的防御能力，从而初步形成了由沟和墙组成的双重防御体系。

护城河的功能特别多：除了能有效防御外来侵略、大面积排水灌溉、方便城内生活用水，护城河还是最重要的水上交通运输通道。

护城河通过澹水和涔水与澧水洞庭湖连通，形成四通八达的水路。澧水的一条小支流鞭子河从徐家岗的西边由北往南流，并沿着岗的南端转向东，流经城头山的东门外，再往东流去，至大河口汇集几条澹水支流成为澹水的主干道后，向南贯入澧水，最后流入洞庭湖。

在城头山发掘出最早的船桨，说明城头山人已经能很从容地使用水上交通工具了。有了船，城头山人就可以通江达海。护城河也促使城头山产生了"码头"和"港口"，使城头山城内的陶器、城头山城外的稻米等货物可以源源不断地运往四面八方；而外来的物资通过护城河、北门的水道、南门的码头，直达城中。

随着生产力的发展，剩余财富不断积累，城防要求越来越高。于是，城头山人把护城河挖得越来越深，把城墙筑得越来越高大，自然就形成了我们现在所知道的城头山城。

回望6000年前的城头山，护城河上船来舟往，一派繁荣景象。岸边垂柳青杨，鸟语花香，令人陶醉神往。

护城河，不仅是城头山的卫士，更是城头山的血脉！

城开四门

城头山作为中国最早的古城址，虽然是一座圆形城，但也有东西南北四个大门。城门未筑在正方位的轴线上，南门为偏西13°，北门为偏东13°，东门为偏南4°。

东、南门豁口均宽30米，两旁有高出豁口2～3米、比城垣主体低12米的平台，长、宽均在15米左右。

东西南北四个门，两两对称，门与门之间有道路连接。东门有延伸到护城河的鹅卵石路面，南门还有芦苇等护坡设备。

东门是城头山的重要门户之一。在崇拜太阳神的城头山，东门显得尤为重要，在东门附近发现的大型祭坛，给东门增添了一份庄重而神秘的色彩。东门也是一个船埠，这可能与其朝向洞庭湖有关。推测当时城头山的水运已经相当成熟，东门船埠在渔业、水运、商贸、甚至战争方面都发挥关键作用。猜想当时即将远航的人都要在东门祭坛举行虔诚而

大溪文化壕沟外坡Ⅰ芦席平、立面图

庄重的祈祷仪式，然后才会驾船起航。

城头山的西门在前几次挖掘中，只见豁口，未发现城门痕迹。但在后来的挖掘中，西门终于发现了一条直通城外的陆路通道，较窄的部分似乎是士兵把守的关口，还发现了类似瞭望哨的设施。这似乎暗示着西门是一个战时的重要关口。但在后来的发展中，不知何故，西门的陆地通道被断开了。

根据这一现象，也有专家分析认为，这其实是一道滚水坝。滚水坝是一种高度较低的拦水建筑物，其主要作用为抬高上游水位、拦蓄泥沙。主要原理是将水位抬高到一定位置，当涨水时，多余的水可以溢流出来。可见当时城头山人在水利建设上，已经具有先进的设计理念。

城头山的南门最为重要，它是通向外面的唯一陆地通道。考古学家分析，在三期城墙修建前，南门也是一个船埠，后来为满足需要，才在南门建立了这条唯一的陆地通道。

1993年，考古工作者在南门城墙下长2米、宽10米、面积20平方米的壕沟淤泥里发掘出土了近百种植物籽实、几十种动物骨骼，还有芦席、竹席、麻布等织物，甚至还有穿洞安足的凳面及木构件和十分精致的木桨与长2米多的船艄……出土物品种繁多，叫人惊讶。

对于这一重大发现，有人推测是城头山的生活垃圾；也有人认为，从这些种类繁多的物种看来，南门可能是一处交易市场，出土物为当时交易产生的遗弃物。

北门是水门，现存宽度32米，门内是一个东西37米、南北32米，略呈圆形的堰塘，堰水通过北门水道与护城河相通。据当地群众讲，祖辈一直称北门为水门，与后来发掘出来的情况相一致。

水门这样的构造令人称奇：城内有堰塘，一可以供城内汲水；二可使船舟直抵城中；三可满足战时的特别需要。另外，根据北门的结构特点和一些遗迹分析，当时北门还有过类似瓮城的军事设施。这种诱敌深入、关门打狗的军事设施出现在城头山，堪称一绝。这样巧妙的构造，自然令人惊叹。

澧阳平原雨水较多，奇特的是，城头山的地势为中间高、四周低、城内中心点高于四门，城内积水可以分别从四门排入护城河。四门既可以方便人们出入，同时也可以排泄城内的积水，这种构造在当时显得科学合理。

城头山城开四门，从各自不同的功能与属性中可以看出，先民们在城建规划中的科学性比现代人毫不逊色。

南门通道

城头山虽然有东南西北四门，但却有宽阔的护城河与外界隔绝，难道城头山人每次出去都要撑船吗？也许最初有过这样的情况，但是后来，城头山人选择了南门作为他们进出的唯一陆地通道。为什么会选择南门作为陆地通道呢？

中国古代的皇帝有一个讲究——"面南背北"，皇帝的座位也必须面南背北。这是因为中国古代把南面视为至尊之向，而把失败说为败北。

在城头山城内，发现了类似宫殿的建筑，显示出王权的尊贵。"面南背北"的文化，也许在6000年前的城头山时期就已经初露端倪。

城头山人崇拜太阳，那么，崇拜太阳神的城头山人把东门作为陆地通道不是更好吗？有学者认为这与八卦和风水学有关。

八卦和风水的起源已有近万年的历史，最早和巫术有关。城头山的首领一定精于此道，这从城头山东西南北四门的精确定位就可证明。

五行学说里有金、木、水、火、土，西方属于金，东方属于木，北方属于水，南方属于火，土掌管中，协调金木水火的平衡。因此，城头山人为什么把宫殿修在适中的位置就不难理解了。

　　八卦中用四种动物分别代表四方，即上朱雀、下玄武、左青龙、右白虎。这里的朱雀代表南方，也就是上方。因为五行定位，神主南方。朱雀虽不是凤凰，但它代表火，比凤凰的威力大，故称为"火凤凰"，常用来喻示祥瑞富贵。也就是说，南门是进财的大门，先民对凤凰的崇拜，其实是对朱雀的崇拜。这也就是南门定为陆地通道的主要因素。而东方是青龙，青龙代表水，所以东门只适宜做船埠，不适宜做陆地通道。

　　南门陆地通道建成后，虽然方便人们进出城，但对护城河的防御作用又是一个直接的破坏，聪明的城头山人就在通道上建造了一座木桥。这座桥类似于后来的吊桥，平时保持畅通，晚上或特殊时候就可以断开，这样就达到了交通防御两不误的效果。

　　南门陆地通道是城头山的战略咽喉，自然有重兵把守，同时也是城头山繁荣发展的重要口岸。

城头山二期环壕（南门外）底部

南门作为交通要道，又是进财的上方，城头山逐步把南门发展为当时的交易市场。

考古学家发现，欧洲旧石器时代就有了交易，而一般的交易中心都在海岸。因为水运是原始社会最便捷的交通方式，因而水运方便的大码头极易形成比较大的交易市场。

考古学家推测，当时的长江流域很可能就有两个比较大的码头，一个在中游，一个在下游。中游的陶器、美酒，换来下游的珍贵玉器和丝绸……而城头山虽然不可能成为码头，但却能利用这两个码头，把武陵山的皮毛与自产的大米、陶器运送出去，然后又把澧阳平原所需要的外地物资换回来。这些物资从东门码头上岸，再送到南门交易市场。

我们不难想象，当时的南门通道对于澧阳平原其他聚落的重要性——每逢集日，南门通道上一定人流如织，摩肩接踵；南门一带更是商贾云集，人头攒动，一派繁荣。南门河坡淤泥下出土物的品种和数量之多，就是这种写照最好的见证。

夜夜好梦的安居区

依托着规模化的稻作农业经济，城头山聚落快速成长，不仅建造了最早的城，还创造出了美好的文明生活。

城头山人把城规划得极好，一条宽约2米、用红烧土铺成的大道连通东西城门。路中间高，两边低，两旁设有排水沟。居住区就被规划在大道南面紧邻城中心的位置。

在古城的繁荣时期，当时已经存在较大的建筑院落，有的建筑还有多个套间、多组房子和多个灶台。所有建筑与各个房子都有一定的排序关系，并通过相应的道路、广场、公共建筑等将城内的建筑划分出若干个功能空间。

考古学家认为，这些都表明当时的社会以大型家族为生活和生产单位，并由扩大的家庭组成家庭世袭社群。家庭世袭社群有公共的活动空间，可以在里面生活或进行生产劳动；还可以举行家族内的公共活动，如宗教祭祀等礼仪。城头山城内或许有很多个大大小小的家庭世袭群体，他们通过道路划分空间，并按照相应的联姻关系组成社会。

城头山房屋的建筑形式多为平地起建，极少见地穴或半地穴式房屋，说明城头山的建筑已经相当发达。房屋平面形状以长方形为主，圆形或椭圆形房占有一定的比例，面积一般为数平方米到几十平方米不等。

从遗存的建筑柱洞可以看出，柱洞分三类：一类分布在墙基槽内，以形成木骨泥墙；一类在墙基外，可能是檐柱；一类分布在室内，作为屋顶的支撑立柱。柱洞结构多为直壁平底，直径大小不等，这说明城头山人能根据地势地形建造合适的房屋。

因为城头山地处的澧阳平原河道纵横，容易遭到水患，城头山人早

屈家岭文化早期台基式建筑

有防范。建房时，有的会有意识地筑有黄土台基，已经发现的台基最高达2米。然后再在台基上挖基槽，修整居住面，最后再起建。这些房屋的地面上特意铺上了能防潮、防滑的红烧土，地面平整、坚实。糊泥后的墙壁还经过高温烧烤，以提高居住质量。

随着城市功能的壮大，少数大型氏族的势力也同时壮大起来，城头山开始修建与城墙相配套的大型房屋。有些公共活动场所的房屋，室内面积居然达到63平方米，有学者认为那可能是一座宫殿，其工程技术、规模和内涵在当时可称奇迹。

城头山还有比较完善的公共体系与设施，考古人员在居住区就发现了一个专门掩埋垃圾的处理坑。这一点证明，城头山人已经具备了公共卫生的意识观念。

根据城头山先人们的居住情况，我们可以设想一下城头山人当时的生活场景：在一处大院落中，土墙木结构的房屋分居隔室、宽敞明亮，高出地面2米多的墙壁上，门窗布局合理；室内火塘中仍燃烧着红红的火焰。睡在这样的屋子里，不怕风、不怕雨，外围还有高大的城墙护卫着，一定能夜夜好梦吧……

规模化的陶窑区

随着城头山考古工作的持续深入，它的魅力也不断呈现在人们面前。城头山有着功能完备的生活区、祭祀区和墓葬区，当然也有工作区。考古工作者在城头山发掘出10座大型陶窑，这让考古界大为惊讶：这些陶窑的规模、数量和完整性在中国考古史上绝无仅有。

在制陶作坊区400多平方米的发掘区内，清理出了10座陶窑。这些陶窑的结构显示出了它的先进性——均有结构清晰的火膛、窑室、烟道等几个部分，有的窑甚至有多个烟道，构造非常精妙，很难想象是五六千年前人类的杰作。烧制也采取了封砌窑顶的方法，在具体的烧制中可能大量使用了氧化焰，因为绝大多数的窑所出的陶器都以红陶为主。

不仅结构先进，配套设施也极为完备。在陶窑的周围，还发现多个灰坑和灰沟，其中有的灰坑可能是与陶窑相配套的设施，诸如取土、和泥以及贮水之用；有的灰沟可能是取土的坑道和出灰沟。

有些陶窑的拌料坑深达2米多，里面还残存有浅黄色黏土，应该是就地取材，因为这一范围内原生土的最上层保留有1米多的浅黄色黏土，是用作制陶器的最理想土质。在其附近还发掘发现了数条取土坑道，往南有一个斜坡道，直通制坯的场地。另外，附近还有多座建筑，

制陶作坊区发掘现场

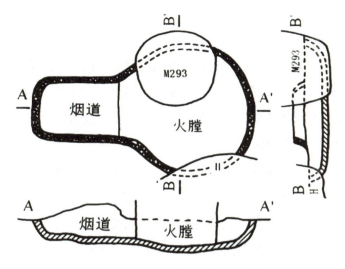

屈家岭文化二期陶窑平、剖面图

这批建筑仅见柱洞而无基槽，可能为简易工棚之类，以用作制坯凉坯。

这些设施与陶窑构成了一个体系较为完备的作坊区，显示当时城头山人的分工已经相当精细，已经出现专业从事烧制陶器的技术人员和行业，陶器的烧制技术也相当成熟。

不仅如此，发掘现场还出现了专门烧制某一种器物的陶窑。如北面的一座窑全出一种腰鼓形支座；还有的专烧用作建筑材料的红烧土，有的专烧陶身……这种专窑专品的烧造方法，几乎达到了现代社会"规模化生产"的程度。这样的工作模式，显示城头山的生产已经更上了一个台阶，陶窑已经不简单是陶窑，很可能已形成"流水线"作业，与现代企业的生产模式接近，令人叹为观止。

也许有人会问，陶器这东西很重很沉，这么大批量地生产，是怎么运输出去的呢？不要忘了，城头山有一条护城河，只需要通过东门的船埠，这些批量生产出来的各式各样精美的陶器就能装载上船，通江达海，流向各地。

规范化的墓葬区

在城头山城内，考古工作者发掘出数百座年代不一的墓葬，陪葬品总共有4000多件，多是陶、石、玉器等，重叠着"挤"在400平方米的发掘区里，局部多达六七层之多，分布密集程度前所未见。可见，城头山有专门的大型墓葬区。

墓葬区在城内偏西北部的位置，分出数个墓区。A区位于墓地的北部，主要为一批长方形的竖穴土坑墓，这批墓葬大部分还保留了人骨架，葬式为仰身屈肢葬。头朝向东南，方向在100°～170°之间。这批墓葬似乎还可以分出东西两个墓组，应该是两个扩大家庭的坟茔地。由此推断，当时可能已出现具有明确祖先的家族或者世系群。东组的2座和西组的1座有随葬品，但数量有限，仅有1～3件。这说明在这样的家族内部，还没有出现分化。

屈家岭文化瓮棺葬群

B区位于A区的东南侧，两个墓区之间有一段空白地带。这批墓葬的主体分布在祭坛之上，祭坛可能是在使用期间或使用后不久的时间内成为墓地的。这样的推论建立在一定的证据之上。

这个证据就是，在祭坛东部的中央有座墓葬，它不仅处于正中央，还位于祭坛最高位置，墓坑为正方形竖穴，长宽均为120厘米、深40厘米。墓坑中间有隔梁将其分为两部分，北半部放置墓主人，为仰身屈下肢、头向东南。左侧下肢骨上有一颗鹿牙，骨架下发现板灰，疑似葬具痕迹；南半部随葬一件牛下颌骨。此墓的墓坑和所处空间位置均较特殊，且有随葬品和葬具。这与周围其他墓葬显然不在同一级别，应该为祭师之类的神职人员。

C区位于墓地的西南，该墓区的瓮棺葬占绝大多数，葬具多为陶釜，有的在釜上扣一件陶钵。这显然是一个瓮棺葬区，它与A、B两个墓区有较远的空间距离，显示在规划墓地时有过事先的安排。目前虽然还无法得知这批瓮棺内所埋的是成人还是小孩，但已经存在的证据表明墓地有过严格的区划，却是不争的事实。

这些墓地还提供了某些社会形态方面的信息：A、B、C三个墓区可能是基于功能方面而非血缘的划分。由此看来，血缘可能已

城头山遗址墓葬区出土的瓮棺

经不是决定墓葬区划的第一因素。第一因素是功能性的。A区的墓葬可能是成年的社群成员，B区为与祭祀活动有关的成员，C区为小孩或者意外原因死亡的成员。

三个墓区各自的功能很明显，意味着社会成员之间的血缘纽带已经出现了松弛的迹象，更趋向于社会功能的转化。也就是说，城头山人的关系从过去的家族关系转向了社会关系，向文明社会又跨越了一大步。

从城头山公墓区的区划功能可以看出，死者是不能随心所欲乱葬乱埋的。因为当时还不是"私有化"的时代，人的后事应该由祭师或专业的主持公事的人来安排，他们也不会随意地乱配陪葬品，因为那应该是有一套约定俗成的规矩的。可是，在那个时代，随葬品为何还如此千差万别？唯一可能的解释，就是随葬品由祭师或主事人按照死者生前的辈分或资格来确定。由此也说明，这些辈分、资格的阶级属性已经慢慢地形成了。

墓葬区发掘现场

城头山墓葬的方式有两种：一种是瓮棺葬，一般是将夭折的孩子的尸骨放入陶罐，或者迁移者随带祖先骸骨的二次葬的人也采用这种方式；另一种是土坑葬，葬的是在城内正常死亡的，或者有身份的非正常死亡的人。

但是，同是土坑葬，随葬品却有千差万别。大多数人只有1～2件陪葬品，有的死者甚至连一件简单的陪葬品也没有。而最富足的墓主人被130多件陪葬品包围。其中有个墓主的陪葬品全是当时最高档的磨光红陶器，还有很漂亮的玉器。有的墓主甚至还有殉葬者。可见人的身份和地位悬殊差别之大。这些也足以证明，6000多年前的城头山已经出现了巨大的阶层分化与贫富、贵贱的差异，社会分层也更为严重，并最终导致了阶级、统治、王权的产生。这也标志着城头山提前从原始社会进入了奴隶社会。

宫殿与神庙

在城头山城的居住区内，发现了5000年前的"宫殿"，它的旁边还有一座神庙。

这座被认为是宫殿的建筑物，结构是四周环绕回廊的柱廊样式，与古代希腊的建筑有相通之处。

在宫殿的西侧还发现了"特殊"房址，建成时间约在距今5000年前，为东西9.7米、南北8.7米的方形建筑，四周围有基槽。南面中央基槽向南转折，建有长1.95米、宽1.5米的突出型进口。在沟槽外部，还发现了与其并行的南、西、北面有支撑挑檐的支柱柱洞。自南、西面建筑侧壁外1.7米，北面建筑侧壁外1.6米处为列柱回廊，相当于现在的门廊。

屋内沿建筑物四壁为一个砖状物砌成的台基，北部三分之一处有一排柱洞。台子除东、西、南面的中央部分外，沿各面壁墙围成一个高约80厘米的土坛。土坛的宽度南面为0.7～0.9米，傍东西壁分别宽1米和1.5米，背面约2.6米，连接北面土坛的东、西面北半部土坛宽度较南半部略宽。土台在出土时仍可确认出方格状的细小沟状压痕，有可能上面曾铺有木地板，整个地面构造等级分明。

屋内发现有用于分隔房间的立柱痕迹，这种分隔不是墙体，而很可能是采用了布帘将里外隔开，就像现在的屏风。

根据这些特点，专家们试着还原了它的外形。显然，这座建筑与普通的住宅不同，它显得庄重而华美，气势博大，似乎拥有更多公众性的

屈家岭文化的房基

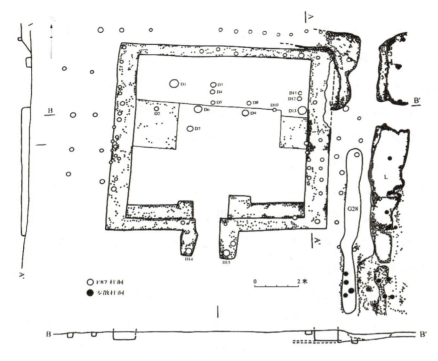

屈家岭文化一期房址F87平、剖面图

特点。这个有些"另类"的建筑所体现的气度与不俗，都证明了它在城中的地位是尊贵而不容侵犯的。

参与考古的日本学者认为，这座建筑平面形状接近正方形，并绕有列柱回廊，还有铺"砖"的台子，这可以被视为城内首领或王主持重要活动的主要场所。因为它作为居住之所，屋内却不见日常炊事等生活痕迹；存在开放式的室内空间，而室内又有首领或王的专用位置，因此很可能是首领或王举行仪式的祭政殿，也就是现在所说的王宫。

到过北京故宫的人都知道，像太和殿、乾清门等地方，皇帝的座位通常都高高在上。而这座王宫也是这样，首领或王坐在高出地面近一米的位置，俯视着下面的人们，显示出首领或王的威严。从这些特殊的构造中不难看出，当时出现了最早的阶级和统治者，他们很可能就是帝王的雏形。

这座可能是首领或王举行祭礼的"王宫"还有一个重要特征，就是它四周环绕着的柱廊。什么是柱廊？即在建筑物墙壁周围竖立柱子支撑屋顶所形成的回廊，与后世皇宫宫殿的柱廊极为相似，柱廊中出名的有希腊的帕提农神庙，但它的建造比城头山这座王宫的柱廊晚了2000多年。因此，专家们还认为，柱廊建筑很可能就起源于东方。

在宫殿的东侧，考古工作者还发现了一座用烧好的"砖"作为地基的神殿。与此同时，还发现了一条用烧好的"砖"铺成的10～15厘米厚的道路，长达30米，极为考究。神殿由正殿、前殿、侧殿3栋构成。正殿东西8米，南北超过4.5米。根据出土遗物所含碳14的分析结果，认定是约5300年前的遗址，比王宫要早一段时间。神殿很可能具有祭祀祖先的宗庙或举行仪式的神殿的性质。

宗教在古代人们的观念和生活中占有十分重要的位置。在由部落社会向国家社会转变时期，酋邦的首领——以后演变为王，很可能也就是原始宗教的领头人，或者是虽然二者分属两人，但权力几乎相等。要在考古发掘中证明已经出现了这种高踞于民众之上的酋邦首领或宗教阶层的领头人，主要靠发现大型宫殿建筑和大型从事宗教祭祀活动的场所：庙和坛。有幸的是，在城头山，这些都具备了，宫殿的旁边就是神庙。

日本考古学家认为，在城头山遗址既发现了祭祀场神殿，又发现了祭政殿或王宫，加之祭坛的发现，王宫、神殿、祭坛，这都市文明的三要素都已齐全。因此可以断言，城头山是长江文明最早的都市。

从这座神庙我们可以看出，在宗教力量之上，还有一股更强大的力量。这个力量，就是城头山作为邦国都城所具备的巨大亲和力、号召力和威慑力。宗教只有成为部落和国家的工具时，才能具有超常的穿透力和辐射性。那些被宗教所影响的文化，是一种对部落和国家文化的认同和崇拜。

最早的祭坛

1997年冬发掘城头山的东城时，在正对着东门豁口角城内10多米处，发现了一个用黄色纯净土筑造的建筑基址，在制高点有一个直径近1米、深0.2米，底部平整、圆边极规则的坑。在坑中，平放着一块椭圆形的大卵石。这个坑因太大太浅，不适合作为柱洞，应该有其他特殊的作用和意义。它究竟有什么作用和意义呢？

一年后，考古工作者开始继续发掘，并最终认定那是一个祭坛，其时间之早、规模之大，可以说是中国之最。

祭坛几乎与城头山的一期城墙同时起建，已经有6300年的历史。祭坛在建造之前，地面还经过认真的清理——先铺垫一层陶片和红烧土碎块，然后再铺一层较为纯净的黄褐色土。

祭坛由纯净黄土堆筑而成，整体形态略呈椭圆形，中间高，由中心向四周倾斜。长径25米，短径已露出的部分为10米，总面积达250平方

大溪文化祭坑

米，已测知最大高度达1米。在较高部位有5个与1997年冬发现的圆坑大小形状特征都完全相同的坑，其中3个由西北向东南成直线排列，距离均为4.5米。中间一个坑与不成直线的另两个坑构成等边三角形排列。这几个坑中也置放有大块卵石。祭坛东侧的坡角下还垫筑了一部分红烧土以做加固之用。

祭坛的南部是一批形状特殊的祭祀坑，以方坑为主。坑壁都比较规整，多数坑的深度达1米以上，长宽均在1米以内，坑壁还以草灰刮抹，有的坑底有特意挖成的台阶。大多数坑内放置了数层陶器，器物以釜、罐为主。放置方式也别有深意，绝大多数为倒扣式，少部分为横置式，器物都没有了底，似乎是有意敲掉的。有的坑内放置不少兽骨或红烧土，大多坑底还置有一两件经过打砸的石头。

从相关祭祀坑和遗迹现象来看，祭坛使用了一段时间，可能从一期城墙的建造到城墙建好后的城内生活期间均在使用，并在使用过程中还进行了加固和扩大。在扩充祭坛的过程中，一批早期的祭坑被叠压，所以在扩大了的祭坛边缘之外，也同样分布有一批圆形或方形的祭坑。

祭坛的顶面也分布着一批圆形坑，大致可分为两组，一组在东侧，另一组略靠西。东侧一排四个坑呈直线等距离分布，坑径与深度一致，有两坑内置石头，另外两坑则无包含物。这批坑的坑壁均为直壁，深度大多在15～25厘米之间，为平底。

在祭坛东侧的斜坡上留下了一个较厚的黑灰层，黑灰中含较多的兽骨，有些为大型动物骨骼，如牛、犀牛的肩胛骨、腿骨，还有少量陶片、黏土和火烧土块。这些表明黑灰层主要由灰烬堆积而成，应是祭祀行为所致。

靠近祭坛中心处，发现了数十具屈肢葬的人骨架。屈肢葬就是把四肢弯曲折断后埋葬。有的身首分离，有的反绑双臂，并且都没有随葬品。

在原始社会，一个正常死亡的人，再普通也应该有一两件劳动工具随葬。当时的人很可能认为，人死后，仍然要劳动、要生活。就像古埃及人一样：死后要做成木乃伊，内脏装在罐子里封存好，祈望有一天死了的人还能复活。

其中一座墓的骨架葬于一大圆坑中，骨架下有黑色板灰，疑原有葬具。坑内随葬有牛的下颚骨和鹿牙，但没有陶、石器，有专家怀疑所葬为巫师。其他几座屈肢葬墓均一无所有，极可能为祭祀的人牲。这种屈肢葬墓，实际上就是早期出现的人祭现象。

在祭坛的东北方向也有三个坑，一个为圆形，两个为方形。有两个深度达1米以上的坑内层层叠放了大量的陶器，有圈足盘、罐、钵、碗等。此外，还有大量的黑灰填置其内，这些黑灰厚达数十厘米，全部由稻米和稻叶炭化所致。另一座方坑较浅，内堆有许多大块红烧土。

这一切，都成为当时人类进行祭祀活动的有力证据。

祭祀起源于原始社会人们对自然的敬畏和崇拜，也与原始农业祈求丰收有关。祭祀对象为天地日月、社稷和先农等神。洪水的泛滥、猛兽的袭击、死亡的威胁，常常使他们束手无策，因此转而乞求神灵。他们崇拜太阳，常乞求上天；又目睹死亡，为逝者安魂。凡此种种，皆须举行祭祀活动，祭祀成了他们生活的常态。

城头山的祭坛建造与筑城有直接关系。同时，也与稻作农业关系密切。从大量祭祀坑的存在以及坑内放置遗物的现象中可以看出，祭坛的建造与丧葬祭祀等习俗有关。祭坛坡面留下的大量草灰，或许属于"燎祭"的一种形式……这些都是他们"敬天礼地"、"崇神安魂"等宗教活动的遗留。城里地位尊崇之人，是拥有绝对权利的部族领袖或精通巫术的祭司，是他率领众人，虔诚地祈祷神灵。

祭坛以实体的形式反映了古人对宇宙的认知水平和他们朴素的宇宙观，它是物质的，但更多的是精神的，是我国古代悠久历史和灿烂文化的重要反映。

【第四章】

日新月异

我们的祖先从穴居山洞到建房筑城，

从原野采集到定居农耕，

从茹毛饮血到炊煮熟食，

从树叶遮身到麻布保暖，

从手工制陶到轮式制陶……

先民们在风雨泥泞中摸索前行，

一步一个脚印，

推动了城头山的发展与壮大。

原始社会的 "金缕玉衣"

在城头山的考古发掘中，出土了5件纤维精细但密度不均匀的平纹纺织品。这些碎布颜色为黑色，大小不一，形状也不规整。可能是缝制衣服后碎片，或者是丢弃的破旧衣服的残片。它们的线径也不一致，粗线直径为0.5～0.7毫米，细线直径为0.2～0.3毫米，密度为9～24根/厘米，原料可能为麻纤维，其纹理就和今天我们使用的麻袋差不多。

因为麻布不好保存，所以在考古发现中极为难得。虽然考古工作者发现过大量的陶纺轮，但像城头山这种6000年前编织精细的布却十分罕见。这一发现让专家惊喜异常。这些可说是中国较早时期的纺织品，让我们对6000年前的先民有了无限遐想。

虽然一万年前的古埃及就已种植亚麻，但城头山没出土麻布前，我们对6000年前古人的想象就是用几片树叶遮体，最奢侈的也就裹块兽皮。那种茹毛饮血的生活跟野人差不多。然而麻布的出现，给古人披上了文明的袈裟。

这块麻布在当时的城头山具有怎样的价值呢？是相当于马王堆的金缕玉衣，还是普通得如陶器一样唾手可得？随着挖掘的深入，城头山出土了100多个陶纺轮，这说明当时城头山的织布业已规模化生产，麻布成为城头山人的普遍衣着。

从而可以推断，城头山人早在6000年前就已经穿上了麻布衣服，它不仅保暖，而且方便耐磨。冬天寒冷时，还有更保暖的皮装，虽然不及现在的皮草样式复杂，但绝对正宗。从这一点上来说，城头山人向文明社会又跨进了一大步。

考古资料显示，在那个时期，长江流域的先民们也都穿上了麻布衣服，可见当时的麻布衣服已相当普遍。而城头山麻布的发现，为这种推断提供了强有力的佐证。

先民的聪明才智从这些出土的文物中，一点点一步步地得到印证。连普通人都穿上了麻布衣服，那最高等级的人穿的又是什么衣服呢？通过考古发现，当时已经出现了比麻布更高级的丝绸。

先说说织布的起源。距今14000～15000年前的湖南道县玉蟾岩、

城头山古城址大溪文化壕沟中出土的麻布

江西仙人洞和吊桶环遗址，都出土了许多骨针，还有像苎麻原料的纺织工艺品的遗迹——很多陶器上留有粗糙的编织纹。考古发现，8000多年前的澧县彭头山先民就已穿上了葛布衣裳，也有了纺轮。还有八十垱遗址出土的编织物有芦席、芦笥、麻绳、藤索等。城头山也有席状物出土，还用于城的护坡处。芦席的编织方法以及编织的精度，均可与现代同类物品媲美，这反映出当时高度发

大溪文化陶纺轮

达的编织技艺。有精湛的编织和纺织技术后，先民们尝试用野蚕丝织布，当成功地织出第一块丝绸时，肯定引起了不小的轰动。接着便驯化野蚕，直到家养成功。

在城头山我们没发现蚕丝的痕迹，但在湖南洪江高庙遗址出土的7400年前的陶器上，发现了刻画在菱形罐内外的蚕纹，同时出土的还有陶质纺轮，很可能是养蚕织丝的开始。

从大溪文化早期的遗址到屈家岭遗址，还有石家河遗址所出土的纺轮图，都可以看出先民的生活中有纺织品，从而构成洞庭湖区自彭头山文化发明纺织工艺的传播序列，并传播到了长江下游和珠江流域。可见当时澧阳平原上的纺织技术已很先进。

特别值得注意的是，浙江河姆渡遗址出土的7000年前的象牙盅形器上刻有编织纹和蚕纹图像。同时，该遗址中还发现了陶纺轮，很多用于纺织的木、角、骨、牙器及打纬骨机刀、骨梭形器、木质绞纱棒、打纬刀、经轴等。这些都表明，先民们早已开拓了养蚕织丝的历史。史书中也有记载，神农炎帝时期的宗教领袖人物，在祀神起舞中也已披上了轻柔飘逸的丝绸礼服。

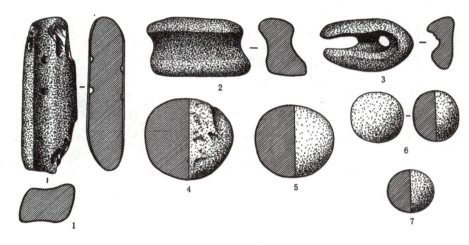

大溪文化石网坠、球

1. A型网坠　2. B型网坠　3. C型网坠　4、5. A型球　6、7. B型球

　　标志着纺织技术发展的纺轮工具，由澧阳平原起源之后，也在新石器时代早期随着氏族的北迁而传播到了黄河、辽河流域。考古学家在1958年发现了距今5700年（大汶口文化时期）的丝绸织品。在1998年河南荥阳青台遗址的一次考古中，发现了距今约5500年的丝绸碎片。而在5000年前的仰韶遗址中，也出土了加工抽丝剩下的半个蚕茧。

　　由此，我们可以大胆推断，有着先进纺织技术的澧阳平原，在城头山时代应该有了蚕丝纺织。只不过由于原材料的稀有，丝绸在当时相当珍贵，如同金缕玉衣，只有高等级的人才能拥有；亦如玉璜，它是身份和地位的象征。也许那个佩戴玉璜的墓主，在经历了6000多年后，身上高贵的丝绸衣服已化为尘土，让我们无从考证。但已经出土的这些碎布，其启示性和重要性，也绝对不亚于金缕玉衣。

　　衣食住行的变化，是城头山文明的一个重要标志，那么在食物方面，城头山先民有着怎样的改变呢？

四口灶台

在城头山遗址那座"迷宫"似的居室西边，有一间大房子，内有由东到西并列的4座方形灶台。灶台的北壁与房子的北墙平行，两者相距0.5米，灶全长3.4米。西端距西墙1米，东端距东墙2米。

由西向东的第一座灶长而窄，第二座较短，第三、四座较宽。第一、三、四座可见灶口，灶壁为红烧土垒筑，残存高度为20～30厘米，在灶前的室内地面上发现了弦纹高领罐、折沿罐、簋等器物。在该房屋废弃时，经过二次高温燃烧，其颜色成了砖红色，可以看出房屋的废弃是与失火有关。

显然，这是一个厨房和餐厅，而且规模相当大，有四口灶台，它们大小不一、规格不同，每个灶台的分工当然也不一样，可以用来烹饪各种各样的美食。

这四口灶台反映出食物的丰盛。这么多灶台，恐怕一两个厨师都不够，再加上几个帮工，不亚于现在一个小饭馆的工作量。这么大的阵势，食物能不丰盛吗？

主食是大米饭。在城头山的南门外城墙下的壕沟淤泥内，出土了近百种植物籽实，包括稻、冬瓜、葫芦瓜等栽培作物。这些植物籽实因淤泥隔绝空气，保存完整，葫芦瓜甚至还呈金黄色。所以，城头山的

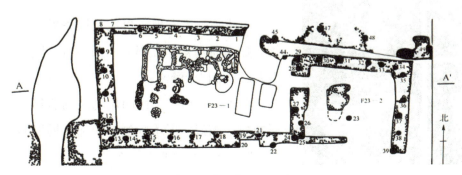

屈家文化房址中的灶台遗迹

先民们除了主食大米外，还有其他丰富的食物，如黄瓜、葫芦瓜、冬瓜、香瓜、栗子、桃子、葡萄、李子等蔬果。从中不难看出，城头山人的副食也很丰盛。

在澧阳平原先进的稻作文明的背景下，在发达的农业社会中，这些果蔬很多已经能够人工驯化种植；从密集堆放的植物籽实这一现象中看出，城头山人对它们的种植和食用已经相当熟练。

除了米饭果蔬外，城头山先民还有更丰富的食物来源。在城头山出土了大量多种动物骨骼、遗骸，如牛、鹿、象、猪、鸟类、鱼类、螺、蚌……也许有很多并不是城头山人的常规食物，但考古学家对猪骨进行的鉴定结果则明确显示：城头山的猪骨为家猪，表明当时养殖业已经相当发达，豢养家畜也已经很普遍。

除了种植果蔬和豢养家畜外，上山狩猎、下水捕鱼，也为他们提供了其他更丰富的食物。

在城头山还发现了可能是斟酒器的陶鬹、贮酒器陶瓮和温锅，从而判断，城头山人很可能已会酿酒。

陶鬹是一种炊、饮两用的陶制器具，形制与鬲相似。所不同的是口部有槽形的"流"，也称作"喙"，有三足。

陶鬹、陶觚和陶温锅的发现，说明5000

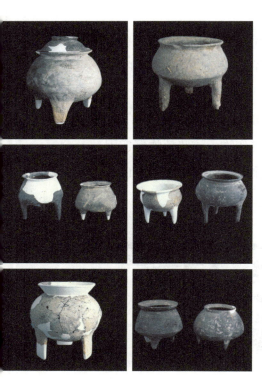

城头山遗址出土陶器

年前的城头山及周边地区饮酒可能相当普遍和讲究，酒文化的发展已达到相当水平。

陶温锅的发现，说明在城头山可能已出现了酒肆。所谓酒肆，是指酒厂或酿酒手工作坊。据文献记载，我国卖酒行业始于周代。《诗经·小雅·伐木》记载："有酒湑我，无酒酤我。"大意为：有酒就给我喝，没酒就去买。城头山遗址的考古发现证明，我国的卖酒行业可能要比历史记载的更早。

城头山出土的生活陶器非常多，包括饮酒饮茶、烧开水的陶豆、陶釜和各式各样的土陶杯；加工食品、制茶、储茶、储酒和储藏食物用的擂钵、陶罐及陶缸等……都佐证了城头山人的生活已经相当丰富。

民以食为天，但居住也同样如此。

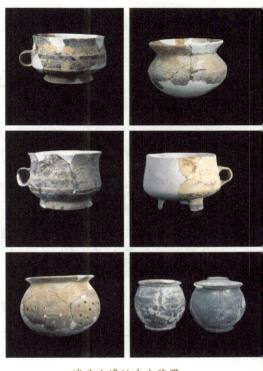

城头山遗址出土陶器

格局超前的"单元房"

随着城市化的进程日益加快，现在绝大多数的中国人都能住上几室几厅的单元房了。但是，再往前追忆30年，单元房还是一种令人羡慕的奢侈生活，真正普及居住，也就是最近20年间。殊不知，5000多年前的城头山先民们住的房子，居然酷似

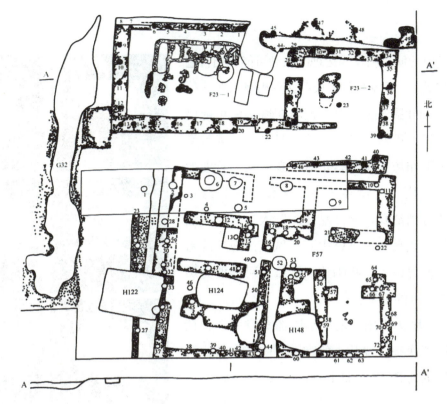

屈家岭文化一期房址 F23、F57平、剖面关系图

甚至完全接近现在的厅室结构的单元房，这"单元房"里面还带"套间"呢。

在城西方偏南的一片区域，考古工作者发现，有很多规整的圆形小坑规律地排列在同一个平面上，这个平面距离地表约1.2米。经过对地层的分析，专家们认定，该地层距今约有5300年的历史。

城头山人把筑城的经验也应用到了建造住房上。在城头山的居住区，有一些生活面比原生地面至少抬高了2米，大量的建筑物不是随便选址，而是在夯筑了巨厚的纯净黄土的基座上建造起来的。

那些圆坑其实就是建造房屋的柱洞。城头山人建造房屋时，会先在地上挖出一个洞，其实就相当于现在我们建房时打下的混凝土桩。此外，考古工作者还发现了柱础、门道、红烧土墙和墙基。很多房屋的墙基、墙体下部，门道、柱洞均保存很好。人们用树木与芦草搭建房屋，用红烧土将地面铺平整，房型或圆或方，房屋内壁光滑平整，多数敷以草泥，有的还经过整体烧烤，生活房内建有灶坑设施。

最先进入考古工作者视野的一套房子坐北朝南、门道朝东，中间有一条公共走道（或者说是走廊），走廊两边排列着两排面积大小不等的小间房屋，已经清理出来的有五六间房，北面三间稍大，为主室；西侧为长度不同的两间小方形小间，为侧室；东侧为向东突出的拐角房，每间房屋面积大不过七八平方米，小的仅五六平方米，但间间紧挨又相互隔开，与我们现在居住的单元房几乎一模一样。

还有一"套"房子看起来更复杂：整个建筑东西长10.5米、南北宽7.9米，80个平方米左右。有两个门，东边的门为正门，北边还有一个侧门。从东墙正门入内，有一个过道，过道两侧及尽头有数个门洞通向各个房间，最东边两侧均有通向房间的门洞，南侧房为一间主室，还带

大溪文化居住房址

两个小室，就像现代酒店的套间；北侧又有一间主室；再往西，分南、北、西三个门洞，南侧为两间偏房，北侧为两间主室，有门两通，西侧为一间主室。这是一座由五主室四侧室构成的多套间整体建筑单元，可能是一个庞大家庭的居室。

这栋房子，你数得清是"几室几厅"吗？它不仅是一套单独的"单元房"，而且"单元房"里还有一主两辅的"套房"。它简直就是一个迷宫，当时人们是怎么设计出来的，真让人匪夷所思。这对我们心目中原始社会落后、愚昧的印象，简直就是一种颠覆。

这栋房子看起来是专门住人的卧室，房屋内并没有火塘和灶坑，那么他们的厨房在哪里？旁边不远处的一栋房子，就是他们的食堂和厨房了。这样，卧室和厨房功能明确、互不干扰，构成了一个完整的居住区域。

考古学家推测，这里曾经是一个经济独立的大家族的生活起居场地。大的主室，应该是居住成年人的；而小的房间，可能居住着未成年的孩子。如果每一个主室供一对成年夫妇居住，每一侧室为两个未成年小孩子居住，则这个居住区域生活的人有18人之多。

城头山人不仅分室而居，同时房屋的功能也有了明确区分，反映出城头山超前的文明程度。

由于单独卧室的出现，城头山人可能已经脱离了群婚状态，对偶婚已成为家庭关系的主流。虽然这种关系并不稳固，却是社会走向文明的标志之一。因为他们有可能已进入到早期父系氏族社会，男主外、女主内已经成为社会分工的主要形式。5000多年前的城头山正处于鼎盛时期，它给我们展现的是男耕女织、田园牧歌似的悠闲生活。

城头山的居住环境之所以如此先进，与其建筑水平和建筑材料有一定的关系，其中就有一种建筑材料非常特殊，那就是——

砖的前身

相信很多人会有这个印象，在20世纪90年代之前，当水泥瓷砖还相当昂贵的时候，很多人家里铺地用的都是红砖。但是，你也许没想到，在6000年前的城头山，有一种类似的建筑材料已经在广泛使用，这就是红烧土。

考古工作者在城头山发掘出大型陶窑10座，有一些陶窑已经进入"细分领域"，它们会专门烧制一种"产品"，比如其中有专门烧制红烧土的陶窑。

在这批大型陶窑中，有一座陶窑，平面为两个半圆形套接，分火膛、窑室、烟道、退灰坑几个部分，火膛在东部，为长1.3米、宽3米的坑道。坑道里堆满了红烧土，在红烧土之下是一层纯草木灰，内含较多

祭坛上的红烧土

陶片。火膛与窑室之间有火道，窑室内亦堆满红烧土，窑壁呈深红色，稍远处则为红褐色。红烧土排列层次分明，无其他包含物，且无火烧迹象。因此，专家推测这座陶窑曾经专门烧制过作为建筑材料的红烧土。

还有一座陶窑，其构造更为精巧：有两个烟道，一个在西南侧，一个在西侧，均呈斜坡状。这座窑的南侧有一灰坑，几乎与窑连为一体，坑里堆积黑灰夹红烧土块，坑底铺有一层均匀的红烧土，灰黑土中出土较多夹砂夹炭红陶。估计此坑为该窑的退灰坑，而该窑原来也大量烧制过陶器，后来又烧过红烧土。在它的附近，还有一个简易的建筑，推测是当时的一种工棚设施。

看来这红烧土的用量还很大，而且设有工棚，可能需要连续作业，才能应付大量的需求。

灰坑里的红烧土遗址

什么是红烧土？红烧土是用黄土经过简单塑造成块状，再经600℃～800℃高温烧造而成的一种材料。在城头山，这种红烧土广泛应用于多种地方。

一是用于建房。在城头山的居住区，发现了屈家岭文化时期的两座房屋台基和用红烧土、沙及黏土铺造的一条宽阔路面。在那片红烧土铺筑的屋基上，有成排的柱洞、柱础、门道、红烧土墙和墙基。

二是用于铺路。城头山的东西大道，宽约2米，两旁有排水沟，全用红烧土修筑，甚至还有红烧土铺成的广场。

三是用于祭祀。在祭坛的东北、正东和东南、西部边沿，都叠压着大片的红烧土和厚达数十厘米的草木灰。这些草木灰或是祭祀建筑倒塌所致，或是祭祀活动的遗迹。

四是用于筑城。在第一期城墙的原生土的地层中，还包含有少量红烧土碎块和陶片碎末，且可以分辨出有两层经过夯筑的层次，应为人工堆积。第二期城墙泥土呈黄褐色，也可以看到土层中大小不一的鹅卵石，间或有红烧土。

五是用于砌田埂。城头山发掘出距今6500多年前的人工水稻田，在稻田与稻田之间的主干田埂用红烧土垫得严严实实。

在一处发掘中，揭露出一大片红烧土，面积南北长16.9米、东西宽12米。专家推测，这种红烧土极可能是建筑的倒塌堆积，形成的这种堆积由南北两端向中间倾斜。在这些红烧土中，发现11个柱洞，这种柱洞应该是建筑物倒塌时某些部位还保留着直立的木柱所形成，可能并非特意挖成的柱洞，而可能是支撑建筑的柱子。

在发掘堰塘堆积物时，发现上面有一层近1米厚而平整的红烧土，考古人员目前还无法解释这一层红烧土的用途……

但是，红烧土的大面积使用，显然跟它的特点有关：防潮、防滑、稳定性好和持久耐用。

对于红烧土，曾经参与城头山考古发掘工作的日本学者认为，那其实就是现代的"砖"。有些红烧土块的厚度在10～15厘米，近似长方形，与现在的砖别无二样。通过光谱分析，城头山的红烧土至少是经过600℃以上温度烧成的，燃料主要是城头山周围的森林和运入城内的大量稻壳。因此，"红烧土的烧制是森林文明的高科技的体现"。殊不知，原来认为的"中国最早的砖"也比城头山的建城史晚了近3000年。

无处不在的红烧土，发挥着巨大的作用。我们完全可以想见，如果城头山再延续一段时间，必将成为中国第一个砖砌的古城。

红烧土为城头山铺就了一条康庄大道，为生产生活和出行提供了便利。但为了走得更远，城头山人主要依托的交通工具是什么呢？

船行天下

"世界考古学家在大洋洲的澳大利亚发现了两三万年前横舟过海的中国人种化石，再次印证了湖南南县南州镇涂家台遗址出土8000年前船形墓，湖南城头山出土的6000多年的木桨、木舵及浙江河姆渡出土的7000多年前的6件木桨的悠久历史。"这是考古学者杨青先生写的《中华祖先神农炎帝缔造的创新型文化》一文中的一段话。而这篇文章在2007年被世界文化艺术研究中心评为"国际优秀论文"，并被《发现》杂志评为特等奖。2009年，又被国际交流出版社评为"世界百年学术特等奖"。

除了杨青先生文中提到的这个漂洋过海的化石之外，我们从中国已发现的古遗址中可以看出，先祖的足迹遍布天下。相同时期的遗址中，出土的文物也大同小异。城头山出土的玉器与长江下游古遗址出土的玉器有诸多相似点，从而我们可以推断，几千年前的大江南北，聚落之间的交往、交换，甚至全世界的交流，比我们想象的要频繁得多。不然，为什么在两三万年前的澳大利亚发现了中国人的化石呢？

那么，先祖频繁的活动除了两条腿外，他们靠的是什么？

考古工作者在城头山发掘出了船艄和船桨。船艄由有树皮和树疤的圆木棒砍削琢磨而成，各处粗细不一，头端和中间较长一段略细，着水的部位较粗，艄尾砍削打磨成叶片状。在较粗的部分保留有树皮，细处有刀削痕迹，杆上有人工磨削的纵向宽3～5厘米的条纹，艄尾还有细绳捆扎的痕迹。

船桨用整块木料加工制成，呈长柳叶形。一面可见细线条状木纹，断面呈梭形。柄端呈盝顶状，显示出雕刻的痕迹，柄部长18厘米、厚2.7厘米，断面呈椭圆形。柄侧面可见勒痕，怀疑为捆扎在桨桩上使用留下的痕迹。柄整体打磨得极为光洁，与桨叶长度比为1：3.75。从叶柄断面年轮来看，树木年龄在15年以上。整个桨长85.5厘米，桨叶长67.5厘米、宽7.6厘米。

再往前推，在河姆渡遗址中发现了7000年前的船桨；后来在浙江萧山又发现了7300年前的独木船……不难发现，人类在7000年以前就已经用船做为代步和负重工具了。而更早的时候，人们在自然生活中发现并运用了木排，这应该就是最早的"船"了。

再看城头山所处的地理环境——位处长江中流的澧阳平原河网密

城头山第二期环壕内出土的船桨

集，而紧挨着的长江下游也是河网密布，这为船的发明和使用创造了自然条件。澧阳平原是稻作文明的发源地，稻作文明在7000年之前就已传播到四面八方，靠的有可能就是四通八达的水路。而洞庭湖正好是连接澧阳平原与外界的一个交通枢纽，东到长江，直通大海。通过洞庭湖也可以进入云贵川黔，南通过沅湘可通岭南两广。

当时的水运从城头山遗址中也能看出来。参加过澧阳平原中日联合考古的专家研究发现，建造宫殿所用的是特种木材——枫香木，而澧阳平原不宜生长枫香木。因此，人们推断这些枫香木可能是从山上搬运来的。而搬运的交通工具，应该是木排或者船。

有考古专家认为，当时的河流，其实就相当于现在的公路或铁路，河网的密集度决定了当地的繁荣程度，也决定了文化与讯息的传播速度与广度。在这一点上，澧阳平原优于其他地方。船作为当时最便捷的交通工具，它的发明和使用，对城头山城的诞生和强盛起到了至关重要的作用。

从一个小板凳说起

在城头山的壕沟里，发掘出了大量的木材、木器、木构件……木器中有木槌、木矛、木匕、木桨、木凳面和带榫眼的船板。还有数十根4~5米长的圆木，其中有的圆木上每隔50厘米左右有刀砍的痕迹，人们据此判断，它曾经可能是个木排。

最引人注目的，是那个四角各有方孔的凳面，这是和生活息息相关的一件木器。它是比屁股略大的一块木板，四角的方孔大小相同。如果木腿还在，我们甚至能清楚地看出其工艺水平。相对当时的工艺水平，制作这样一个凳子是比较简单还是相对困难呢？我们就不得而知。

但不管怎样，这个板凳至少体现了当时木器加工已经具有了一定的

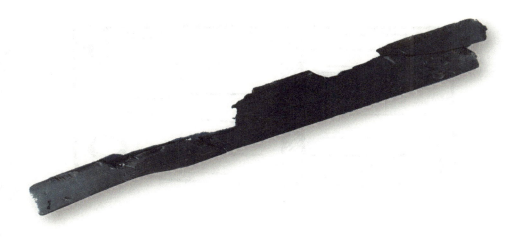

城头山第二期环壕内出土的有刻度的木刀

水平，也从另一个侧面反映了城头山人的生活质量，说明木器在生产生活中应运相当广泛，比如木碗、木盘、木铲、木锨、木槌等。也可以推断，当时应该有了较为简单的家具。

从出土木构件中的凹凸槽和船板中，我们看到，城头山先民在木器加工方面已经会使用榫卯接合。榫卯是在两个木构件上所采用的一种凹凸结合的连接方式。凸出部分叫榫或榫头，凹进部分叫卯或榫眼、榫槽。这是中国古代建筑、家具及其他木制器械的主要结构方式。榫卯结构是木件之间多与少、高与低、长与短的巧妙组合，可有效地限制木件向各个方向扭动。最基本的榫卯结构由两个构件组成，其中一个的榫头插入另一个的卯眼中，使两个构件连接并固定。榫头伸入卯眼的部分被称为榫舌，其余部分则称作榫肩。虽然每个构件都比较单薄，但是它整体上却能承受巨大的压力。这种结构不在于个体的强大，而是互相结合、互相支撑，成了后代建筑和家具的基本模式。

从城头山的房屋建筑也可以看出，榫卯结构的应用已经相当广泛。先民们也已熟练地掌握将木材加工成桩、柱、梁、板等建筑构件技术和房屋建筑技术。

大溪文化凳面

从出土的船桨、船板及木排看，城头山的先民们已经熟练掌握了造船技术和水上运输技巧。还有壕沟加固坡面的木桩及篾席，看似简单的篾席编织和壕沟加固工程，却映射出先民的智慧和才能。

木矛是狩猎扎戳武器，木凳为生活用品，木质器柄则是石器工具发挥更大效果的附属件，小木棍既是农业点穴播种工具，也是采集野生植物时挖根刨茎的采集工具。木器制作大多要经过切断、剖开、削、挖凿等，还要经过修磨、火烧硬化等工序，而这些技术不是人人都会的。由此，我们可以推断出城头山已有专门的工匠，他们尽情发挥着自己的一技之长。

工匠辈出

在现代人的想象中，原始社会的人们每天的事情就是狩猎捕鱼。殊不知，城头山人已经形成了较为完整的、精细化的工作体系。

城头山筑城之后，已经不是一个单纯的聚落，而是出于需要，演变成了一个管理众多聚落的中心。住在城内的每一个人，必须各司其职。

即使是种稻，那也是一门技术含量很高的农活，从城头山发掘出来的稻田已经充分说明了这一点。等城头山城建成以后，因为城内面积有限，稻田都分布在城外，有一部分人专业从事农耕。其中，或许就有像袁隆平先生一样专业从事水稻优化工作的人才。

稻作文明催生了农业经济的迅猛发展。随着农业经济的发展，社会上第一次出现了剩余劳动，于是促使各类手工业逐渐发展成为专门的生产。出现专业手工业的重要标志一是作坊、二是产品。城头山发现了史上罕见的陶窑群，陶窑虽然简单但有成熟的结构，并有相应的窑外设施，若干个窑组成窑群。陶窑烧制各类陶器，也烧红烧土，因为当时红烧土是一种重要的建筑材料。这些发掘表明，成组陶窑的出现，意味着当时的社会分工已经出现并开始细化，即已经出现专门的手工制陶团体。

城头山的东门是船埠，南门在早期是一个码头或"港口"，都与古河道相连，可直接通向长江。这些优越的条件不但可促使专业渔民的出现，还可能有专业航运，比如将陶器运送出去。船夫在当时的城头山应该是一种备受器重的职业。

城头山遗址出土陶器

前面说过的用作护坡的芦席，编织方法也是五片篾一组，每组呈"人"字形交叉织成，与当今洞庭湖区农民所用的芦席没有两样。还有麻布等编织物，编织的精细程度跟现代几乎没有区别。从事竹篾编织的专业人员后来被称为篾匠。

在城头山还发掘出各式陶纺轮达168件之多。陶纺轮是新石器时代的纺织工具，在这么小范围内发现数量如此巨大的陶纺轮，说明城头山的纺织业已经非常盛行和发达。

在所有发掘区内，都出土了大量的工具，诸如石刀、石斧、石凿、骨铲、骨耜以及骨耒等，有些还相当精致灵巧。这说明了当时的石匠等其他工艺也非常先进。

由此可见，城头山当时的木工业、编织业、建筑业……其工艺水平已非同一般，再一次说明了手工业生产已从农业内部独立出来而形成了新的生产门类。

而以上这些工匠所用的工具和制作的产品，很难想象是用石刀、石

大溪文化陶豆

B型镞　　　　　　　　　　　　　A型凿

B型凿　　　　　　　　　　　　　B型刀

斧、石凿加工而成的。这不仅体现出城头山先民的开拓创造精神，而且闪耀着人类的文明之光。

专业化的分工是复杂社会的重要表征，它显示城头山古城所拥有的社会结构达到了一种相当复杂的程度，同时也表明当时的城头山已经进入到了更高层级的文明阶段。

劳动创造财富，劳动创造历史，劳动创造世界。正是这些辛苦劳作的人们，创造了一个又一个奇迹，创造了城头山欣欣向荣、一派繁华的盛景。

工具进化壮城池

生产力的提高离不开工具的发明与使用。

城头山出土了大量的陶器，并发现了规模化的陶窑，但出土的石器却不多。在当时能成为聚落中心和交易中心的城头山，手工业制作已初具规模，可为什么没有石器制作行业呢？考古学家推断，这可能与当时的自然环境有关。澧阳平原石材少，石头又比较笨重而不适合远距离运输，因而加工点可能在石材料丰富的山边。城头山的交易比较发达，有漂亮的陶器就不愁换不来足够的石制生产工具。

当时的生产工具主要有石器、骨器、木器等，出土的石器中有早期粗糙的石刮削器、石斧等，也有后期用料讲究做工精湛的石凿、石锛等。城头山还出土了其他古遗址中很少看到的石哨，这个可能是城头山城防御报警所用，抑或是简单的乐器，因为音律是上天赐予人类的精神食粮，与生俱来。

在长江下游有玉器加工的良渚遗址中，出土了精美的玉钺。专家推断，玉钺在中国古代主要是作为一种仪仗性的兵器，也就是一种权力的象征。在不产玉的城头山发现的不是玉钺，而是石钺。这是一种很简单的大石斧，它有没有象征权力的属性我们不得而知，也许它仅仅就是一种工具而已。

澧阳平原是种稻的农业区，那稻谷收获后

骨器

怎样去皮呢？在澧阳平原众多的遗址中，人们发现了石磨和石臼。这两样工具的出现，大大缩短了先民为稻谷加工所耗费的时间。

考古学家认为，早期的石器加工中使用过骨器来磨制石器，可见，先民们很善于利用工具。骨器得来容易、加工简单，在生产中也广泛使用，像骨铲、骨锥、骨耜等。女人们在生活中也少不了用串起的贝壳项链来做骨质装饰品。

在6000年前的澧阳平原，生产工具除了石器、骨器外，可能更多的是木器。出土的木器中有矛、刀、船桨等。木器最不容易保存，城头山出土的这些木器因埋在壕沟里，隔绝了氧气才没腐烂。不难想象，那时的木器工具因易于加工且轻便灵巧而被广泛使用。还有竹器，因其比木器更耐用，成为古人劳动必不可少的工具，上山打猎、下地收割、入海捕鱼……那些轻便的木矛竹箭、木镰竹叉成了先民的最爱。

城头山先民在生产生活中，除了石器、木器外，还有一种用具也是必不可少的，那就是陶器，陶鼎、陶碗、陶盘……在城头山还发现了陶豆。陶豆在那时的作用主要是用于照明——里面装上动植物油，把灯草绳浸入油中点亮，这比早期用松枝照明要方便得多。

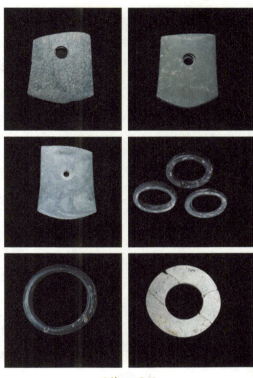

石钺、石环

陶器的大量使用，与城头山从手工制陶发展到后来先进的轮式制陶分不开。不但生活中离不开陶器，先民们在织布中也用上了陶纺轮，建筑用上了"红砖"，生活有了一个质的飞跃。

城头山的手艺人从农业生产中分化出来以后，他们的聪明才智使加工的成品越来越精美。石器中出现了漂亮的手镯，城头山出土的三个石环向我们展示了先民朴素的审美观。木器中，能工巧匠们打造出了能远行的货船，壕沟中出土的船板就是见证。还有不知多少精美的木刻湮埋在历史的长河中。陶器工具的发展不需展示，只要刨开一层层黄土，原来它们一直珍藏在大地的怀抱中，从简洁的青碗到镂空的圈足豆，从实用的陶杯到把玩的陶猪……陶匠的专心与可爱也一同遗存在尘封的土地中。

还有壕沟中护坡的芦席，那巧妙的编织技术，一直传承到今天都还没有太多的变化；城头山神殿中支撑挑檐的柱形结构，在今天的乡间还能看到它古朴的影子……

从旧石器时代到新石器时代，从打制石器到弓箭的发明，从树叶遮身到麻布保暖，从手工制陶到轮式制陶，从穴居山洞到修造城池……工具的进化、生产力的提高、智慧的积累，先民们在风雨泥泞中摸索前行，一步一个脚印，推动了城头山的发展与壮大，终于迎来了人类社会的文明曙光。

石哨

【第五章】

文明曙光

那最早的稻田，

那最古的城墙，

那最老的祭坛，

还有那精美的船桨，

那镂孔的陶盘……

无不体现出先民的聪明才智，

展示出古老的城市文明。

世界第一稻田

在澧县境内已知的300多处史前遗迹中，已经多次发现了人工栽培稻的踪迹：在距离城头山遗址一公里的彭头山遗址中，人们发现了距今8000～9000年的人工栽培稻；在发掘城头山古城的同时，另一处遗址——八十垱遗址也在进行发掘，考古工作者在此发掘出居住区、墓区、墙垣和壕沟等，还发现了大量的距今8000年前的古栽培稻。此外，在距城头山30多公里的龙岗也发现了距今9000年前的炭化稻。它们不仅是世界上已发现的稻谷稻米中最早的一批，而且收集的标本数量超过了国内各地已收集的总和。

根据这些稻物的形态，农业学家认为多是人工栽培稻。由此，"长江中游，特别是洞庭湖平原为稻作农业的最重要发源地"成为许多农史学家和考古学家的观点。但要在国际学术界形成无可争议的共识，还需要提供一项必不可少而又是最具说服力的证据，那就是寻找到当时的人工水稻田。因为，稻谷和稻田是两种概念，稻谷可以是外来的，而稻田却是无法移动的。可是，水稻田在哪里呢？

1996年12月，城头山的发掘工作正在持续进行着，在东城墙解剖到临近原生土层时，却突然出现了未曾预料到的情况：在第一期城墙之下，压着一层厚近30厘米的浅灰色黏性很重的泥土，参加发掘的村民一齐惊呼："这是水稻田。"而考古工作者则用专业术语称之为"静水沉积"。

在土壤中，人们挖出了仍显白色的根须。考古工作者就近在现代农田里扯了一苑稻的根须，两相比较之下发现二者毫无区别，因此确认这是古稻田中稻的根须。为了找出更多的证据，考古工作者将泥土放在显微镜下观察，发现存在大量稻叶和稻壳的植物硅质体。

后来，经过严谨的科学检测，城头山遗址7粒炭化稻米的DNA经提取、扩增、电泳、测序，样品具有类似现代水稻粳稻的带型显示，因此可以确定城头山遗址炭化稻米的性质部分与现代水稻粳稻类似。

为了把水稻田揭示得更清楚，1997年冬发掘时，将东城墙发掘区向南而北扩展，发掘面积达600余平方米。平行排列着的三丘古稻田终于较清楚地露出了真容：靠东一丘被城头山建城时所挖的壕沟所破坏，中

城头山东北部古稻田，一、二期城墙，水沟，水坑和祭坛Ⅰ

间的一丘部分压在有意保留着的第一期城墙之下，最西的一丘则完整地展露出来。

最大的一丘稻田宽4米多。1998年冬发掘时，找到了它南端的尽头，但北端仍压在发掘区外，因此仍未见其尽头。现在田埂的长度在30米以上，面积在0.3亩以上，在田埂上还发现了一枚看似鲜活的田螺。

更令人惊叹的是，在几丘水田西边较高的原生土上，考古工作者发现了几个人工开凿的水塘及多条水沟，应该是为稻田吸纳地面水和雨水所建。田埂、水沟和水塘，显示稻田有着完备的灌溉配套设施。

考古学家推测，稻田的形成可分两期：第一期利用凹槽地势稍加掏挖，利用原生土作为田埂；第二期则用人工将田埂加高。水稻田一侧，用人工挖成水坑，由西南至东北走向，通过水坑的数条小水沟和水塘，构成了原始的灌溉设施。

用碳14和光释光测年法测定农田中的泥土分两层，下层距今6000～6600年，上层距今6300～6200年。为什么分上下两层呢？原来，当稻田土逐渐淤高到与原生土田埂齐平时，再在其上加垒新的田，因而分为两个不同时期的土层。

值得一说的是这个灌溉设施里的水坑。在水渠与稻田贯通的地方，特意挖下这个大坑是用来做什么的呢？考古专家认为这是一个具有多个功能的水池：一是可以用来储水或排水；二是可以避免泥沙随水灌入稻田；三是通过它可以起到一个缓冲的作用，避免来水冲击附近的秧苗。仅从这一点就可以看出，筑城之前，城头山稻作农业的技术水平已经相当高了。

城头山发掘出来的6500年前的人工水稻田，比世界上任何一处已发掘的人工水稻田都要早。它是目前已知的历史最早、保存最好的古人工稻田。城头山古人工水稻田的发现，最终使"中国水稻是由南亚传来的"这一传统观点失去了立足之地，确证了中华民族在驯化和栽培稻谷这一伟大事业中的历史功勋。

在此之前，专家对在八十垱发现的炭化稻谷是否是人工栽培水稻一直有争议。城头山水稻田的发现，与彭头山、八十垱发现的距今8000～9000年前的人工栽培稻，形成一个具有高度说服力的证据链，有力地证明了当时人工栽培水稻在澧阳平原上规模性的存在。

世界最权威的考古专家、美国哈佛大学教授巴约瑟夫表示："我相信世界稻谷起源地就在澧阳平原，只要我的假设成立，这里将成为世界上三大粮食之一——水稻的起源地。"

看到这里，细心的读者也许会问：水稻田是在城头山的第一期城墙下面，不是比城头山城还要早吗？城头山与水稻田有什么关系呢？

种下稻谷长成了城

我们完全可以想象，在数十万年以前，人类大多还生活在山上或水边，因为那里有人类赖以生存的天然食物。可是，不管是在山上跟野兽搏斗，还是在水里捕鱼，或采集大自然赐予的果实，这些生存手段都难以支撑他们的生活，因为食物无法保障供给。

城头山的氏族部落也是一样，当漫长的冬天来临，食物越来越少，他们便扩大了觅食的范围，从森林或山洞中走出来，来到了澧阳平原。在这里，他们发现了一种植物，它遍地都是，籽实可以吃，还可以长期贮存；并发现第二年在原地长出了同样的食物，而且如果用心去培育，它的籽实就可以结得更多。

这种植物就是野生水稻。

当然，水稻种植一定是他们尝试无数次后才学会的。当他们学会种植水稻后，每到秋天，就会收获很多粮食，吃不完的晒干了还可以贮存下来以度过寒冬，更主要的是留下了第二年春播的种子。

学会种植水稻，是洞庭湖区人类农耕文明的开始。

城头山人应该是创造这种文明的先驱。那么，食物富足以后他们的生活会有怎样的改变呢？

科学家认为，农业社会的发展，使社会上第一次出现了剩余劳动，这样促使手工业逐渐成为专门的生产而独立出来。比如在新石器时代迅猛发展的陶器生产。资料表明，在中国，陶器的产生距今已有11700多年的悠久历史，陶片已经成为考古学家判断年代的一项重要依据。城头山出土的"批量化""规模化"的陶器和陶窑，也证明了这一点。

农业社会的发展同时也使一小部分人脱离生产，成为管理者。这些管理者逐渐产生了控制产品再分配、从而聚敛属于个人财产的欲望，导致平均主义分配方式的解体。但也因为有了管理，人类的发展才有了方向。

另一方面，由于人口和资源这两个变量的不平衡，于是产生了贫富差别，这在当时主要体现在粮食上。一些因各种原因而得不到稳定食物来源的聚落产生了对富有聚落财富的觊觎，这样迫使富有部落不得不兴

城头山东北部古稻田配套灌溉设施——水塘、水沟

第五章 文明曙光

屈家岭文化陶豆

建和逐渐完善防御。

在城出现以前，城头山还只是一个大型聚落。因为这里的人们善于种植水稻，并摸索出了一套先进的种植经验，他们的灌溉设施可以促使水稻丰产；他们还善于制作陶器，因此他们的财富也迅速累积。可同时，财富的积累也引起了外聚落的垂涎，掠夺与侵略不期而至。为了抵御这种侵犯，他们先是挖起了一道壕沟，以达到阻止侵犯的目的。

也许是从壕沟里挖出的土使城头山人获得了灵感，他们发现，挖壕沟的土能够形成除壕沟以外的又一道防御线，城的防御作用进一步加强。于是他们就开始夯土筑城，进而使城头山城横空出世。

城头山古城都是夯土城墙，筑城工程相当复杂，需要大量的人力物力，像鸠工取材、取土、运土和夯筑，过往繁复，所需劳力巨大。如果没有富足的粮食作后盾，这些工程肯定不可能实现。

可这显然对城头山已经不是问题，所以说城头山城是洞庭湖区几千年稻作文明孕育的产物。从东城墙的解剖情况看，城头山城恰恰是建造在稻田之上，真可谓"种下稻谷长成了城"。

陶器文化

陶器的发明，是人类进入新石器时代的标志之一。新石器时代的文明是以人类能够创造性地制造新物质为标志的，而人类最早创造性地制造出来的物质之一就是陶器。因而，陶器的出现，是人类文明发展的重

R型豆

E型Ⅴ式壶

A型Ⅱ式壶

G型Ⅲ式壶

屈家岭文化陶豆、壶

B型 Ⅲ 式

F型 Ⅱ式

屈家岭文化陶瓶

要标志。

　　从世界范围来看，发明陶器的时间存在着较大的差距。美洲的陶器最早距今只有5000多年；西亚地区最早的陶器不早于距今9000年前，他们是先产生农业，进入新石器时代后才发明了陶器。因此西亚两河流域与埃及一带，在考古学上有一个前陶新石器阶段；巴勒斯坦的印度河流域也存在着所谓的前陶新石器时代，即先有农业后有陶器；印度恒河中游的陶器出土情况与巴勒斯坦略有不同，那里最古老的陶器大约出现在距今1.1万年至9000年，当时农业尚未出现。所以世界各地的陶器发明并没有一个统一的时间。

但据专家考证，在中国湖南玉蟾岩发现了距今18000多年的陶器，这大概是最早的与生活相关的陶器了。西亚和南亚的陶器是不是从中国流传过去的还有待考证。

从玉蟾岩的陶片到城头山的陶窑，陶器经历了几千年的发展，规模化生产之后，陶器的种类与性质发生了改变。从城头山出土的陶器来看，一些陶器变成了权力和社会地位的象征，另一些陶器则体现了人类对美的追求，也有一些陶器体现了当时人类的精神追求与信仰。在城头山遗址的出土文物中，发现了兽面纹白陶残片，陶片上有獠牙和眼睛的图案。这个图案最早发现在7800年前的高庙文化中，经考证是先民的一种图腾崇拜。白陶制品在高庙文化中只用于祭祀。高庙白陶有着独特的陶器风格，表现了较强烈的宗教艺术因素。而城头山的白陶和陶纹可能都来源于高庙文化。这一方面说明城头山也受到了外来文化的影响，另一方面也体现了城头山人善于学习、吸纳外来优秀文化的精神。

说到图腾，城头山出土的陶猪也有可能是替其他部落烧制的图腾产品。因为当时部落所处的区域不同，信仰的图腾可能也有所不同。

陶器属性的多元化，是城头山陶器产业高度发达的最好例证。

"国家名片"上的城头山

在城头山出土的众多陶器中，有两件举世无双的国宝级陶器。一件是大溪文化彩陶杯，另一件是屈家岭文化镂空圈足豆。

这两件最具代表性的陶器，后来印制在公开发行的《城头山遗址》特种邮票小型张上，成为国家名片流传世界各地。

大溪文化彩陶杯是一个用来盛酒的杯子。该器为城头山739号墓出土的随葬品，距今约5800年，为大溪文化二期器物，敛口、口沿饰一周黑带纹；杯身微鼓，饰二周黑带纹；三只扁平杯足饰一圈宽黑带纹，全皆通体饰方格纹。整个器形造型新颖别致，是一件难得的艺术品。

屈家岭文化镂空圈足豆是个盛储器，屈家岭文化中晚期器物，距今约4800年，灰陶、浅托盘、粗豆柄，柄足通体饰镂空纹，为典型屈家岭文化风格器物。该器物造型夸张，但又不失协调，体现了古人的良好审美观。这是城头山发掘出的10座陶窑中较晚一座出土的。它绚丽多彩、鲜明生动的艺术形象，表现了那时人们对社会生活各种各样的发现和追求。

除了这两种外，还出土了很多具有观赏价值的陶器。从彩陶杯、折腹碗到镂空圈足豆等大量出土器物上，可以看出5000年前的城头山人在陶器艺术上的造诣完全可以和现代人媲美。

这些精美的陶器多半是在城头山的墓葬里发现的。作为陪葬品，

城头山遗址特种邮票（2005年发行）

少则一两件，多则一百多件，成为城头山人身份、地位的象征。

在城头山发掘的佩戴玉璜的首领墓中，随葬磨光红陶器30余件，这种磨光红陶器通过技术加工，使表面富有光泽。具体做法是在坯体将干未干之际，用光滑的砾石或骨制工具在表面摩擦。烧成后，表面可生光泽，为新石器时代陶器常见的表面处理方法之一。也有在陶器烧成后，再用多种石料磨光，器表虽不施釉，但光泽可鉴。制作精美，可说是当时的"奢侈品"。

城头山这样大型完整的陶窑群在中国考古史中非常罕见。同时，城头山出土的陶器众多，器型丰富多样、纹饰精美，不仅完整地记录了从距今7000年前到距今4800年前这一时期的制陶技术，还从陶器的纹饰中透露出城头山人很可能已经开始使用文字了。

在发掘出的陶器的纹饰中出现有镂孔，器内有刻槽及刻画符号。这些特殊的符号与象形文字非常接近，有专家认为，这极有可能是城头山的文字。

早期的陶器均为手制，部分器表经过打磨处理，如盘、钵之类，还涂有一层薄薄的黑褐色陶衣。除釜、罐口沿略有加厚外，一般器壁厚薄均匀，部分内壁有刮削痕迹。陶器以夹砂陶为主，另有少量夹炭、夹蚌和泥质陶。白陶数量极少，也夹有细小的石英砂末。陶色以红

大溪文化陶杯

褐色为主，次为酱黑色。多数器表颜色斑驳不一，有的是多种颜色共处一器，表明当时陶器的烧制火候并不均匀。

陶器由最初的素面到后来刻上各种各样的纹饰。纹饰装饰方式有拍印、彩印、刻画、压印、模印等，主要纹样有粗绳纹、篦点纹、锯齿纹、瓦棱纹、指甲纹、弦纹等。其中，篦点纹极其繁缛，由篦点所构图案复杂。纹形有波浪形、曲折弧线形、竖向雨线形、方格带形、连珠形或各类几何形等，其戳印工具估计是加工过的竹、木器类。白陶则以压印或模印指甲纹、勾连纹、交错几何纹、短条纹等为主。红衣和彩陶较少，彩绘纹饰简单，常见条带纹，另有少量折曲纹、弧线勾连纹、圆点纹等。一般饰黑彩，亦有少量饰红、黄两种色彩，具有很强的观赏性，反映了古人对美的欣赏水平。

陶器造型以圆底为大宗，次为圈足，不见三足器。器类有釜、罐、钵、碗、盘、盆、支座。器类中釜的比例近半，次为钵、碗类。从中可看到古人在劳动中不断的探讨和创新。

后来，陶器虽然还是以手制为主，但已经开始经过慢轮修整。早期夹炭和夹砂红陶及泥质酱黑陶比例较大，随后越来越少，而泥质黑陶和灰陶比例则逐渐上升。多数器表涂抹一层陶衣，烧制时经氧化而成红色。有的因氧化不充分，致使器表颜色不一。另外，外红内黑陶比例亦不少，此种陶器的成因，估计是人为掺碳工艺所致。

彩陶是这一时期的又一特征，也是新石器时代早期定居农耕文化发展的产物，是制陶工艺和原始装饰艺术发展的标志，同时也是陶器产生审美价值的确证。彩陶产生以后又作为一种文化载体，一方面为原始艺术的发展开辟了新天地，成为传统绘画艺术的先例。另一方面，又以原始绘画装饰艺术的形式，反映了先民的物质和精神生活。

城头山这时期的彩陶种类有黑、红、赭三类，以黑彩最多。彩陶风格总体变化特征是由复杂抽象向简单明了发展演变。但纹样却更加丰富，有圆圈纹、网格纹、花瓣纹、圈点纹、绚索纹等。

器物造型出现少量三足和平底。器类多样，除早期所列，又见豆、缸、锅、盖、鼎、簋、杯、瓶、擂钵等。造型端庄大方，印纹疏密得当，表现了方正凝重的气质。

接下来，城头山出现了一种细泥陶。这种陶土大多数经过淘洗，质地细腻、杂质较少，器物表面乌黑光亮，其器形大多为墓葬中作为明器使用。

在制作工艺方面，器物多数为手制，其中磨光黑陶多有轮修，并经打磨。有一部分磨光黑陶，如鼎的足还留有切割与粘贴的痕迹。一部分器物为手制轮修，在器物的颈部、口沿内侧及器物内壁都不同程度留下了轮修的痕迹，这个时期有可能已经出现了快轮制作。于是制陶的速度加快了，陶工在闲暇时不断创新，充分发挥各自的天赋，表现手法多样，给人栩栩如生之感，比如城头山出土的陶猪。这种动物型的陶器是供观赏娱乐还是一种早期图腾，有待考证。

最后，除了像一些陶制动物明显可见手工捏成痕迹外，城头山陶器的制作基本上进入轮制时期，因为在器物的内壁或底部可以见到清晰的轮制痕迹。这说明城头山人对陶器的制作越来越精良，工具也越来越先进。

城头山的陶器发展，从开始的单一性到后来的多样性，从最初的实用性到后来的艺术性，表现了先民热爱生活、创造生活的闲情逸致与聪明智慧。同时，也表明了一种商业的需求，一件有美丽纹饰的陶器比起一件没有纹饰的陶器在交易中所产生的价值要大得多。所以在当时，美已经成为一种普遍需求。也许，追求美、创造美本就是人类的天性。

陶器上的艺术证明了城头山是一座有着深厚文化底蕴的古城。从城头山的陶器能够成为国家名片就可以看出，城头山的文化必然会传播四方，影响世界！

纹饰的秘密

在城头山出土的陶器中，发现一只青灰色的碗，上面刻有一个上下两端用横线连起来的X符号。这个符号在多地遗址中出现，现被专家破译，是地数五。了解《周易》的人应该知道，它表示的是阴阳在天地间交午。进一步研究发现，城头山出土陶器圈足器上的陶文和彭头山出土的陶文有很多相同之处，多为测影数码符号，属于同一符号谱系。这些是不是早期的文字雏形呢？

我们再看城头山的陶器，就会发现一个共性，就是大都以绳纹陶圈足器为刻纹载体，那大镂孔圈足盘、圈足碗、豆等又都饰以日月纹、S纹、宽带纹和蛇龙图像等天象、天神系列，这就表达了先民"祀天制历"的造字文化心理，表明陶文的发明和传播都系于祀天女巫自身。从彭头山文化到城头山文化，不但形成了陶文出现的密集中心和谱系特征，而且还体现为相当固定的刻画习俗。

刻有X符号的碗

令人吃惊的是，传到长江下游和黄河流域的陶器刻画符号体系，无不也都是以圈足器为载体，是"祀天制历"同一历史主题的发展，从而看出这种陶纹已作为一种交流的符号，很可能就是文字的前身。

中国目前发现的最早的文字记载是甲骨文，甲骨文是一种比较成熟的文字。它的发现其实是相当偶然的。如果不是殷人具有占卜的习俗，如果不是占卜后把甲骨埋藏，如果不是殷人占卜的材料（甲骨）不易腐烂，那么就没有发现它的可能。

文字的发展是一个漫长的历史过程，商代甲骨文的出现绝不会是从天而降的，在它之前应有其发生演变的过程。因此，在商朝以前，文明程度高于商的夏族统治者也应有文字的发明与使用，这才符合文字发生与演变的规律。

但商之前的文字记载在哪呢？古人是用什么材料来承载文字的呢？毛笔之前又是拿什么来写字的？这一直是个谜。在没解

汤家岗文化陶器拍印、戳印、刻画纹饰（拓片）

大溪文化陶器刻画符号（拓片）

117

开这谜之前，我们只能从古人留下的陶片中寻找文字的渊源。

科学家从各地出土的陶器中发现过许多的刻画符号。中国最早的文字多与占卜祭祀有关。再看彭头山文化的陶器刻画，就已有象形符号——文字的萌芽，并构成了史前陶纹的体系特征，比早先的结绳、绘画、刻木等"图像符号"进了一步。图像符号是人类记事表意形式的第一阶段。

彭头山遗址以绳纹陶圈足器为主所刻画的陶纹，有数字"∧、十、八、廿、卅"等符号，还有记录天象的符号。城头山出土圈足器上的陶纹，多为测影数码符号，属于大溪文化时期的居多。

长江中游是稻作农业的起源地，也是神农氏建立厉山国、陶纹文化发展较快的地方。长江中游稻作农业的发展，各联盟部族、聚落之间农业和龙信仰讯息的传播，祭祀占卜制度的推行，天文历法的统一记录，"日中为市"交易的流通等，都有赖于作为传播载体的模拟图画传意，即图像符号—陶器刻画—象形文字的出现，从而形成了统一的大家认同的符号并传播开来。

神农氏授时制历、记录有关天文系列的陶纹符号集中出现在彭头山文化之后的大溪文化中，在城头山和周边的遗址中发现了很多这样的陶纹符号。

还有大汶口文化出现的个别符号，如专家所释读的"炅"字又发现于良渚文化，也能证明早期文字的认同和流通。遗憾的是还没找到记事的文字。

再到后来龙山出土的丁公陶文，书写流畅，形成了段落式的文句，比陶纹更进了一步。从而证明，文字已形成了气候。

从多地出土的兽骨和陶器、石器上的图案、文字可以判定，在一万年以前，中国就出现了半图像、半文字的象形文字。根据语言学家研究，中国近代大量出土的、曾在商代广泛使用的"甲骨文"，显然已经过数万年的不断演进。

城头山和鸡叫城的地下还深埋着多少这样的陶纹，我们不得而知。但总有一天，我们会读懂先民的文字，了解更多的城头山的历史，解开更多的未解之谜。

陶器安邦

城头山发现的10座大型陶窑，引起了考古学家们浓厚的兴趣，他们在考古发现的基础之上，纷纷猜测陶窑的背景和功能。很多学者认为，在中国许多新石器时代遗址中，大多数根本不做陶器，他们用的陶器很可能是由一个像城头山这样的"制造中心"生产出来再交换出去的。城头山的陶器很大可能是为了自己城内的生活而去和别人交换的，也许陶器工业已经成为城头山当时的"支柱产业"。

这种分析不无道理。但是，还有一种比较大胆的观点——陶器的批量化生产与分配也许是城头山这座"王城"统治周围部落的方式之一。

屈家岭文化黑陶豆

为什么会有这种推测呢？

首先，这些陶窑不但密集，而且都位于城头山中心，处在城内比较重要的位置，说明陶窑的地位很高；这些陶窑已经不可能是单独在生产，而是有计划地在生产；陶窑之间也不是彼此孤立、互不相干，而是互相配合；这种协作分工，显然不是个人行为。陶窑当然也并不属于私人，极有可能归属于城头山的最高权力机构，由最高统治者周密策划了这种生产模式。

城头山发掘出的大型陶窑，明显具有"批量化"、"规模化"的程度，这么多的陶器仅凭城内的居民是消耗不了的。从经济层面来说，如前所述，陶器一定已经成为城头山的"品牌"产品，流向四面八方。但从政治层面来说，有学者认为，城头山大量的陶器生产很可能是用于统治的目的。

先从陶器的属性说起。因为陶器不易携带，是原始社会人类定居的标志之一，陶器使人类从动荡不安的迁徙时期走向安居乐业的新生活，所以城头山的统治者很可能看到了这一点，也利用了这一点。为了城头山的长治久安，他们大量生产陶器，以供应给城外周边的人们使用，从而形成一道道抵御敌人的天然屏障。

在这么小的范围内，如此密集地出现这么多陶窑（现在已经发掘出来的陶窑就有10

城头山出土陶器

座，可以肯定地说，没有发掘的地方可能有更多，具体数字现在还无从知晓），从数量上来说，是非常惊人的，这在中国的考古史上也极为罕见。因为其他的遗址往往只见陶器，很难见到如此完整、先进而密集的陶窑。

有考古学家推测，这种现象也许是与城头山的"城"有密不可分的联系。"工业化"、"规模化"的陶窑和生产出来的陶器，完全可以成为城头山防御体系中除古城墙、护城河系统之外的有效补充。

完全可以想见，城头山从最初的挖壕沟，到筑城，再到加高城墙、拓宽护城河，防御体系一步步升级；最后，城头山开始分工生产，利用专业的、先进的、规模化的陶窑生产出大量的陶器，发放到周围的部落，促使他们安居乐业，从而达到了从"意识形态"上进行统治的目的……城头山也由此完成了一种完美的蝶变，这是怎样的一种智慧与胆略！

甚至有学者认为，当时城头山在城中大量生产陶器，是因为某些特殊陶器有可能是物物交易中的中介物质——也就是现在的货币。

无论如何，陶窑的存在，一定能进一步提升城头山城的魅力。

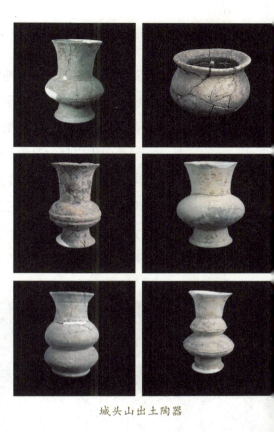

城头山出土陶器

神明崇拜

对大自然的敬畏和对神明的崇拜可说是人类与生俱来的天性。

城头山建造的专门的祭坛，其年代的久远、功能的强大和祭祀仪式的复杂，在中国境内还是第一次发现。

城头山人崇拜的对象是什么呢？祭祀的目的又是什么？

考古学家发现，在城头山发掘的中国最早的大型祭坛，建造在6500年前的水稻田上。在没有建造祭坛之前，此处就多次有过各种祭祀仪式，而后仪式越来越隆重、越来越复杂，渐渐演变成了规模宏大的祭坛。

联系到祭坛位置紧挨着早先的水稻田，其作用除祭拜天地祖先外，最大的作用很可能是祈求丰收。

祭坛Ⅰ顶部浅平圆坑和大砾石

祭坛Ⅰ顶部浅平圆坑和墓葬

城头山出土的陶猪

考古学家认为，祭坛与稻作农耕祈祷仪式密不可分。从发现大量稻壳硅质体和厚达近一米的稻草灰来看，就足以证明这一点。

在祭祀坑中，牛的下颚骨和人骨同时下葬、犀牛骨有烧过的痕迹，这些都可被视为稻作农耕仪式上的牺牲。为了祈祷丰收，人们把鹿血或牛等动物的血涂在稻种上，或把稻种浸在血中，叫做血祭。根据城头山祭坛的发掘推断，这里很可能举行过这种最早稻作血祭仪式。

以往东南亚被视为这种血祭仪式的起源地，但从城头山发掘出的完整的祭坛证明，这种仪式在最早的稻作文明发源地长江中游地区，早在6000多年前就可能已经存在。

城头山所发现的、举行过最早稻作仪式的祭坛位于东门，专家们猜测这可能是因为其仪式与太阳升起的东方方位关系紧密。有学者认为，长江文明与太阳崇拜、鸟崇拜在稻作农耕社会中的重要性有关，并指出太阳、鸟崇拜最早起源于8000年前的洞庭湖区。而这种祭坛显然就是以太阳、鸟崇拜为背景、举行稻作丰登仪式的祭坛。由此推测，城头山的东边是一个宗教中心。

可以赐予万物生命与温暖的太阳，是原始人类崇拜的神灵代表，也是我们现代人在脆弱时的安慰与向往。这种感受竟然可以跨越6000年的时空相通。只是在生存环境十分恶劣的情况下，原始人企盼有超常的神灵来保佑自己却没有尊重生命的意识，因此杀人祭神这种在现代人看来血腥残暴的行为，在当时是一种完全迫不得已的选择。

祭坛上摆放的三块圆形卵石，应该是对日、月、星三神的崇拜象征。因为人们在日常生活中，接触最多的三种天象就是太阳、月亮和星星。

不仅如此，有考古学家认为，在以稻作为生活基础的长江流域，城内设置祭坛用于举行稻作丰登仪式，这是都市诞生的重要因素。因为通过这种方式可以凝聚人心，使都城具备"祭祀中心"的功能，成为众人心驰神往、顶礼膜拜的圣地。

大型祭坛所代表的神圣宗教，为巩固城头山的中心地位起到了至关重要的作用。

最早的精神领袖

任何时代都需要精神领袖，原始社会也不例外。6000多年前的城头山，其精神领袖是什么样的人物呢？

原始社会生产力极为低下，人的认知能力相当有限，面对宇宙、天地日月、风雨雷电以及人类的生老病死等自然和社会异常现象，都感到神秘惊异或敬畏恐惧，由此产生了原始宗教观念，幻想有征服自然、拯救人类的神秘力量和法术。于是，巫师应运而生。

考古学家在城头山东门城墙边发掘出了中国最早的大型祭坛，同时在祭坛的至高部位发现了疑为巫师的墓葬。不管此人生前是否是巫师，有一点是可以肯定的，有祭坛存在就必有巫师。而且，必定是先有巫师，而后才有祭坛。也就是说，巫师的优秀与否决定了祭坛的影响力。从而可以认定，城头山如果没有优秀的巫师就没有东门这样的祭坛。

中国传说中的黄帝、炎帝以及尧、舜、禹都是巫师，这种现象是那个时代特有的产物。早期人类学家弗雷泽曾考察过大西洋等很多岛上的原始部落，证明了原始社会都是依靠巫教文化来维系他们的精神家园的，从而揭示出，最初的国王们便是从史前社会中的酋长巫师们脱胎而来的。

能当上巫师的人，各方面都要出类拔萃。城头山的巫师，更要高人一筹，除了要略通天文地理与医药占卜、懂得结绳记事、懂得画符传令外，还要把握城头山的命脉，促进整个澧阳平原稻作农业的发展，处理好周边聚落的关系……

实质上，当时的优秀巫师就是统治者的高参，甚至有的本身就是统治者。

城头山也是如此。考古专家在祭坛旁边发掘出一个最高规格的墓

祭坛Ⅰ南坡祭祀坑群

葬，墓主颈戴精美的玉璜，在几位陪葬者的"簇拥"下，以最尊荣的姿态长眠。他佩戴的玉璜是一种礼仪性的挂饰，每当进行宗教礼仪活动时，巫师就戴上它，以显示出巫师神秘的身份。由此推断，这个墓主可能既是首领，也是巫师，是一个手握重权的"王"，而且生前深受人们的拥戴。

这种身份的巫师，他的聪慧就在于把握了普通人的神明崇拜心理，并利用这种心理为自己的统治服务。其实，优秀的巫师就是在灾难面前，克服自己的内心恐惧，表现得镇定自若，用所谓的巫术给大众信心和力量。原始社会这样优秀的巫师，就好比茫茫大海上一艘迷失方向的船，当船上的人们无所适从甚至绝望时，他能站出来掌舵并安抚人心，给大家以信心和希望。

城头山能率先崛起并发展壮大，是与这样的巫师分不开的，当时城头山的巫师，实质上就是大众的"心理医师"和精神领袖。他们必须能说会道，最重要的是人格力量强大，有一呼百应的号召力。城头山能顺利完成筑城大业，也正好说明了这一点。

后来，在城头山繁荣时期的向外扩张中，巫师还要运筹帷幄，使城头山处于不败之地；在稻作农业的发展中，率领民众以祈天求神的方式期盼风调雨顺，在天干洪涝虫害等自然灾害面前，给人以希望与信心……这样的巫师，无疑为澧阳平原的文明进步作出了不朽的贡献。他们也为后来文字的形成、绘画艺术和中草药的发展作出了巨大的开创性的贡献。考古发现，澧阳平原出土的很多史前陶器，上面的很多字符最早应该就是巫师所为。

所以，有的学者认为，原始社会的长江中游是中国远古时代原始巫文化最早的发祥地，称当时的巫文化为"华夏文明之源"一点也不为过。

今天，随着科学的发达，人类认知自然的能力已经大大提高，对于宇宙自然现象和社会生活现象也具有很高的处理能力。在这种背景下，巫师已经失去了他早期存在的正面价值而沦为落后愚昧的迷信代表，为人类所唾弃。因此，如果把原始社会的巫文化与现当代的巫术迷信活动混为一谈，这本身就是一种愚昧无知的表现。远古时代的巫师与现代的巫婆是有天壤之别的，完全不可同日而语。

城头山能辉煌两千年，巫师和祭坛功不可没！

歇斯底里的呐喊

城的作用除了保民安民和防止大型野兽的侵扰外，更主要的功能是防御外族部落的残杀和掠夺，这可能是建城者最初想要达到的主要目的。但后来城的延伸对社会文明进步所起的作用，是当时的建城者绝对始料不及的。

因为有了城，人们才真正跨越出采集农业阶段，开始过上比聚落更加稳定的定居生活。于是，我们看到了城头山人种的蔬菜、豢养的家畜与现在没有两样。他们不但能在6000年前栽培稻谷，而且能分出籼、粳两个大类、七个小类。而现在的教科书上说，距今5000年的炎帝是农神，是他教会人类农耕，这样的说法与事实不符。

因为有了城，于是就有了城里与城外的不同分区、不同的等级差别、不同的分工。城外的人对城内的觊觎和向往，促使城一次次被加高、加宽、扩大。城内居民的不断增加，促使城的规划诞生。所以，我们看到了古城东西贯穿的大道，科学的功能分区，通往城外的陆路，还有水门、船埠……一切看起来都那么井然有序。

因为有不同的分工，所以我们看到了城内发达的制陶业。他们以"工业化模式"批量制作的陶器，在城的周边同时期遗址里都能看到。这种最初的交易，是"城"演变为"城市"的因素之一。

因为有了等级差别，所以我们看到城中墓葬的随葬品多寡、贵贱悬

H314

祭坛I祭祀坑

殊。有的多达130多件，少的只有一两件。有的随葬品全是当时最高档的磨光红陶器、玉器，有的就是一两件简单的劳动工具。

住房上他们分室而居，并非现在文史界认定的还处于群婚集宿阶段。各方面体现的这种等级差别最终导致的是阶级、统治、王权的产生。关于这一点，在城头山遗址的另一个发现里有更加鲜明的体现。

在城头山发现的祭坛中心处附近，有数十具屈肢葬人骨架。有的身首分离，有的反绑双臂，并且都没有随葬品。我们看到的这些屈肢葬墓，实际上就是早期出现的人祭现象。祭坛四周不远处发现了数十个或圆或方的土坑，坑内或有满坑倒扣的陶器，或有大型动物骨骸，或是大块的红烧土、满坑的草木灰，还有大量经过烧灼的炭化稻谷、大米。可以想象，当时在这里祭天祭地、祈求丰收的规模是多么宏大，气氛是多么惨烈。

这难道就是现在教科书上说的没有阶级、没有压迫，"人人平等的母系氏族原始社会"吗？

我们不用去想那时的人为什么要分居隔室，死后为什么随葬品多寡、贵贱悬殊，只单看那些或无头颅、或反绑双臂被杀殉者的人体骨架，你就能嗅出6000年前的血腥，就能听到远古歇斯底里的呐喊，就能看到扛着鲜血淋淋的屠刀走来的阶级、统治、王权，甚至初具雏形的国家机器……

世上万事万物都有它的多面性，城头山的"王权"们为推动城头山的发展起到了决定性的作用。但同时，为维护统治地位及其利益，对不同声音也毫不留情地予以封杀。

那些发出不同声音被残忍杀害的人，那些发出歇斯底里呐喊的牺牲者，那些长眠地下的殉葬者，他们以生命的代价为人类文明社会的发展立下了汗马功劳。

城头山，这片饱含深情的热土，必将永远记住那些为之付出生命代价的先民们。

【第六章】
难解之谜

城头山这座历史沉淀深厚的古城，

给世界留下了很多宝贵财富和文化遗产，

同时也留下了不少谜团，

而正是这些未解之谜，

给古城平添了无穷魅力！

墓碑上的悬念

1500多年前的《水经注》里有澧水、澧阳平原、洞庭的记载，可就是找不到有关城头山的任何记录。

"城头山"三个字最早见于一块墓碑。明朝尚书周天序死后在清末宣统元年，也就是1909年的清明节移葬城头山西城墙内脚，墓碑上清楚地写道："葬于城头山。"

可见，很早以前，城头山就已经存在了。当地人也历来把这儿叫做城头山。

那城头山的名字是怎样来的呢？

从字面上看，"山"字很好理解。城头山遗址位于原南岳村徐家岗东端，人们往往把那些高岗地都叫山。从地质年代的角度讲，这样一些岗地原本就是山。"头"字也好解，山头、岗地边缘都可以这么说。关键是其中的"城"字很费解。

这个带"城"字的地名与一般的地名不同，是很特别的。从古到今，以城为名的地名不多，不像什么汤家岗、李家铺、乌鸦山、河姆渡之类，它隐含的是城市文明研究的深层次文化内涵。最早把那个地方叫城头山的人一定知道城的概念与内涵，这不是普通的人能办到的。出现这种情况的原因可能有两种：

一种可能性是：在中国历史上，有对中国城市文明精于研究的高人到过城头山，并根据这里明显的遗迹现象告诉当地人：这里以前是一座城。所以当地人后来就把这里叫做城头山。

清末秀才王国维是我国早期知名的考古专家、

有『城头山』字样的明朝尚书周天序墓碑

学术巨子、国学大师，假设他来过城头山，定能一眼认出：那里以前是一座城。

可惜他于1927年6月2日在颐和园昆明湖沉湖而亡。如果他发现了城头山，那一定会有记载，城头山也应该早就名扬中外，不应该沉睡到现在才被发现。

再往前推，如果明朝尚书周天序省亲来到了城头山，他也一定能够辨认出那是一个城址。这种可能性完全存在。但仅从墓碑上的城头山这地名推断，还似乎证据不足。

第二种可能性是：现在居住在城头山周边的人，就有6000年前参与建城的人的后裔。城头山的先民在6000年前就已经把他们的伟大杰作叫作城了。然后口口相传、世代相袭，直到现在城头山周边的人仍然把那里叫作城头山。

这种可能性倒是极大。因为在城头山尚未发掘的时候，1979年夏，曹传松因为城头山遗址的考古，专门走访了车溪乡南岳村村民。据村民说，古时候就有个传说，说城头山是一座都城。可是，有这个传说的时候，城头山遗址还沉埋地底，没有被人们发现。这个传说说明，人们在城头山还没发掘时就知道那里以前是一座城，同时村里人都叫遗址北门为水门，这跟后来发掘出来的结果完全吻合。

按照这种情况分析，现在城头山的村民里有代代相传的城头山先民的子孙，那座城虽然已经被历史的风尘所掩埋，可人们的血脉和基因里仍然有着那座先祖的城池的影子，她一直留存在人们的记忆里，生生不息。

如果第二种可能性存在的话，我们可以推断出前面提到的问题：城的概念应该是产生于汉字之前的发达语言，有了发达的语言，继后才会有刻画符号，才会有文字的产生。这样就把城市文明研究的起源向前推得更久远了。

但至今城头山城名的由来仍然是一个谜，墓碑上的记载给我们留下了一个难解的悬念。相信有一天，这个悬念终会得到破解。在下面的篇章里，你会看到有关城名的奇妙巧合。

奇妙的巧合

是谁命名了城头山，我们无从考证，但离城头山不远的彭头山对解开命名之谜也许能提供另一种思路。命名可能以氏族的头领为名，彭头山的头人叫彭，因而聚落叫彭头山。那么，是不是当时城头山聚落的头领正好就叫城，族人叫他城头，后来筑城之后就把像山冈一样的城叫城头山了？

如果真是这样，那么，"城"字读音的起源就在城头山。这是一个有待深入探讨的问题。

另外，从字面意思来看，城头山的"城"字，是字义本身的意思，这不难理解；"头"就是第一或头领的意思；"山"指高大雄伟。综合

A型釜

起来看，就是像山一样高大雄伟的第一城。

世界很神奇，无独有偶。在今伊拉克境内，有一个古苏美尔城邦——埃利都，也属于世界最早的城之一。"埃利都(Eridu)"在苏美尔语中的意思也是"强大的地方"，如果翻译成汉语的话，它的城名就跟城头山一样——"像山一样高大雄伟的第一城"。

二者不仅城名的意思相同，更巧的是埃利都城建于公元前4300年左右，与城头山建城年代相近。只是因为发掘于1949年，比城头山的发现要早，所以在当时认为是世界上最早的城。而且埃利都城的面积为8万至12万平方米，和城头山的面积大致一样。

更有意思的是，两座城的文化内涵也基本相同。

城内的主要建筑大致相似：埃利都遗址中心也有神庙，西北角有民房区和墓葬区。民房结构虽然简单，但和城头山一样，在格局上特意划出几个小房间，墙以黏土筑成。在丧葬方面，人死后多是仰身直肢而葬，幼儿则放于陶容器中下葬，也就是城头山有过的瓮罐葬。

埃利都遗址的陶器和城头山一样也很丰富，有生活用品，也有祭祀用的小型容器。随葬品大多为陶器，陶器上出现有一些简单符号和花纹。

当时他们和城头山一样，已经掌握了先进的人工灌溉技术，学会了种植农作物，用亚麻纺织，也饲养牛羊等牲畜，并从事渔猎活动。

根据苏美尔史书——《苏美尔王表》中的传说记载：埃利都是世界上的第一座城市。后来，这座古城由于幼发拉底河改道、土地盐碱化和历史等因素最终废弃。从建立到废弃经历了2000多年，与城头山城的存废时间几乎一致。

更为奇妙的是，前面说过，城头山是北纬30°的又一奇迹。而埃利都也同样如此，与城头山处在同一纬度上，位于幼发拉底河到波斯湾的入海口。

除埃利都与城头山的巧合之外，还有在镇江和鄱阳湖区发现的5000年前也叫城头山的两个遗址，给澧阳平原的城头山添加了一层更神秘的色彩，它们之间是不是有某种没被发现的神秘联系呢？也许有一天，人们能够揭开这奇妙巧合后面的谜底。

不管怎样，有一点是可以肯定的，城头山这个名字将镌刻在历史丰碑上，世代传承，大放异彩。

城头山的神秘不止于此，还有更多 的未解之谜，比如——

难以破解的陶球

在城头山出土的众多文物中，有一样文物到现在还不知道它的用途，这就是六孔陶球。这些陶球为泥质灰陶或泥质红陶，表面锥刺有盲孔及线槽，直径多在3.2厘米，有实心，也有空心。盲孔及线槽都非常规整，外面刻有各种形状的花纹。看起来像一个地球仪，也像一个星空图，勾画着当时城头山人对宇宙和天象的理解。

比城头山遗址年代略晚的屈家岭文化遗址中也发现了40多个陶球，在球面上刻有网纹、十字纹、米字纹、三角等图案。这种陶球在长江中游比较集中，在安庆发现的5000年前的薛家岗遗址中也挖掘出69个，其他地方少见。

对于这些陶球的用途，有的专家认为是一种乐器，有的认为是狩猎用具，还有人认为是一种玩具。这些精心制作、摇之有声的陶球，到底有什么作用呢？它为什么只出现在史前文明中？

说它是玩具，但它并不是出现在儿童的随葬品中，而是在废弃的房址附近或成年人的墓葬中，在窖穴和灰坑里也有发现；说它是装饰品，它又不能穿绳系带，不宜佩带；说它是弹丸之类的猎具，它又不如石球那样坚固实用；说它是巫师用以占卜或祭祀的法器，据考古发掘的实际情况看也不可能。比如薛家岗遗址中，一个墓葬密集的墓地中许多墓都随葬有这种陶球，在一个氏族村落中，不可能同时有这么多巫师存在。而且，大量陶球都是在墓葬之外随便遗弃的，很难和令人敬畏与崇拜的原始宗教联系起来。

有人推测这种可称工艺品的陶球，大概是当时人们歌舞娱乐的用具，因为空心的陶球拿在手上摇动还可发出声音。在一个已破碎的陶球里发现了不少小泥丸，声音就是这些小泥丸发出的。这似乎有些道理，但是在酣歌狂舞的时候，摇动它既听不到轻微音响，又不能用嘴吹出什么声调。因此这种推测也缺乏说服力。

还有种说法，把它和数学联系在一起，倒是很有意思——

"考古发现，从旧石器时代后期起，中华远祖就开始用石球记月相了。新石器时代早期的贾湖人发扬这种传统，仿照石球发明制作了陶球，以石、陶球兼用，配合圆内接二十九边形和十二边形的应用，记月相、定月份和阴历年，基本完成了阴历的探索。"

"他们应用圆内接正四边形和八边形作立体模型，将一太阳年分为4和8等分，从而开辟了探索阳历的道路。"

"自仰韶文化早期以来，汉、渭、泾流域开始以多种纹样开发出饰纹陶球。其中最

B型陶球

B型陶球

陶球

突出的是在陶球上作十字纹或米字纹将陶球4或8等分，用作立体模型来演示将一太阳年分为4或8等分的历法，使球算器的发展走上了为阴、阳历相结合的新阶段。"

"从大溪文化早期开始，长江中游各地在十字纹或米字纹的基础上，进一步发展出2、3或4倍重合的米字纹陶球，来演示将一太阳年分为32或64等分的阳历，和将一阴历年分为24或48等分的阴历，并以这类刻有规整球面几何学图形与对称穿孔模式相配合的陶球为基准，展开了球算器规范化和系列化的趋势，使球形器进化达到鼎盛阶段。"

"薛家岗文化三期时集前期球算器发展之大成，除了更新仿制各地前期文化流行的各种类型的陶球、特别是刻有规整球面几何学图形的陶球外，还开发出一系列以呈立体十字形分布的六孔为统一样式的球面几何学陶球，代表了球算器技术发展的顶峰。薛家岗遗址中除了陶球，与其同出的还有一套多孔石刀，为这种推测提供了有力证据。"

这是邓宏海在《中国5200年前的一个二进制信息系统及其对莱布尼茨的支持——试释薛家岗文化三期陶球上的易卦》中的一段阐述。虽然争议很大，但很有说服力。简单地说，陶球就是一种推断历法的球算器，有一个漫长的进化过程。城头山的陶球是六孔，属于最初最简单的球算器。

邓宏海是湖北松滋人，20世纪90年代末旅居加拿大，是加拿大易经学会秘书长，对中国科技起源和史前发展有很深的研究。

邓宏海在书名中提到的莱布尼茨，是二进制算法的发明者。这个书名已经说明了很多问题。莱布尼茨自己也承认二进制发明来源于伏羲的64卦，说他只是把符号变成了数字。如果邓宏海的理论成立，那么，我们就要重新认识华夏文明史了。

为什么陶球只出现在史前文明遗址中？是不是有了文字记载和历法之后，它就完成了使命而退出了历史舞台？

破解陶球之谜，是一个有趣且非常深奥的命题。城头山的灿烂文化也如这陶球之谜一样，深邃而玄妙。正是这些难以破解的密码，使城头山不再仅仅只是一个古城的故事。

国王还是首领

随着代表城头山强盛的第三、四期城墙的大规模扩建与增高，城头山城内的空间功能也有了很大的改变，原来由祭祀区、墓地、制陶作坊区、生活居住区等构成的较为单纯的功能区划已经被更为复杂的空间占据取代。

此时的墓地仍主要集中在居住区的东部，是在原来的A区墓地的基础上扩充而成，但墓葬制度却发生了很大的变化。比如头一律朝东，和祭坛的祭拜方向一致，这种方位显然是有意的安排；随葬品多寡更为悬殊，暗示社会分层已经明显出现。

1997年冬，一个编号为M678的墓地的发掘，令考古工作者大感意外。

该墓为长方形竖穴土坑，墓坑长250厘米、宽110厘米，坑底分布有零星朱砂。

在巫术盛行的古代，朱砂被视作血液的代替品，古时方士捉鬼降魔的符箓通常由朱砂画就。血和气二物不为鬼怪俱有，所以人们认为通过一些方式使用血气能让鬼魅产生恐惧以使远离。在墓穴中施用朱砂可辟驱地下的邪鬼，让死者得以安宁。同时，朱砂是红色的，代表血液，后人希望墓主人得到永生或超脱。

墓主的骨架保存完好，头向朝东，仰身直肢，为一成年男性。他的颈部有2件玉璜，应是死者佩戴之物。

随葬的陶器几十件，其中豆7件、圈足盘4件、器盖10件、鼎1件、釜1件、碗2件。随葬品放置于墓主两侧，左侧仅有豆及其器盖，其余器物均置于右侧，右手上执一小鼎。骨架左侧是一小孩头骨，与墓主头向相反。

这个陪葬的小孩头颅究竟是怎么一回事呢？为什么不见身躯？是残忍的杀戮还是另有其因？这将是一个永远的谜。虽然我们无从知道真相，但有可能小孩是墓主埋葬时的祭祀品。当时孩子的无助与绝望，母亲的无奈与悲痛，在今天的我们想来那是何等揪心的疼。

墓主的随葬品颇为精致，可说是当时最好的器物，除小鼎为泥质灰陶外，其余均为泥质红陶，器表磨光，并施以极为艳丽的红色陶衣。豆均为高喇叭形圈足，其他地方少见，说明规格较高；豆盘均微敛口，沿外微凹，用以承盖，制作相当精美。

城头山遗址大溪文化时期墓葬

与M678并列相邻的还有两座墓，编号分别为M679、M680。其中层次相同的 M679，随葬品有12件，里面还有一件橙黄薄胎黑彩单耳杯，也是很罕见的；M680的随葬品13件，里面赫然有一件珍贵的玉玦。她们的墓坑同样长超2米、宽超1米，呈少见的仰身直肢葬。这两位身份特殊的女性是不是握鼎墓主的陪葬者，她们与墓主是什么关系，也是一个难解之谜。

与之相邻的其他人都为仰身屈肢葬。他们的东北和西北角也各有一座屈肢葬墓，疑似是殉葬者。

那个握鼎的男人究竟是什么身份？他佩戴的玉璜，当时已经是非常尊贵的饰品了，再加上手上的鼎，更显得身份不凡。鼎最初是古时人们烹煮用的器物，也可用于祭祀，后来渐渐发展演变成为立国的重器，是政权的象征。这位右手握鼎、颈部还佩戴着玉璜的男人，很可能曾经就是城头山的王。这也为城头山已经成为"古国"提供了强有力的佐证。

考古学家认为，在物质文化迅速发展的同时，往往会"恰巧"出现一批礼制性建筑，比如城头山祭坛、神殿和神庙等；同时也会出现一批较大的墓葬，就像M678、679、680那样。其实，这些事物都有着紧密的相关性。

从随葬品我们可以清楚地看到，这些墓主往往掌握了军事、宗教等方面的特权和大量财富。事实上，这个时期物质文化的最新成就差不多全部为这些新生的权贵所垄断。权贵们不会满足于对本族平民的剥夺，在氏族血缘关系还没有发生根本性变化的情况下，这种剥夺自然还会受到相当程度的限制。于是他们把目标转向外部，为掠夺资源和他人的财富不惜频繁地发动战争。

正是在这个时期，专门性武器石钺等的出现与改进，表明战争越来越经常和激烈化。在这种情况下，发动战争的人自己也难免受到强敌的反攻。为了免受战争的侵害，只好下决心组织大量人力物力和财力来构筑防御工事，于是，一个政治中心——城头山城便应运而生。

从这一点上看，墓主的身份不是一个简单的首领。但是不是当时政治中心的一个国王还有待进一步确证。

玉器从哪来

城头山出土的玉器不多，因为洞庭湖区不产玉料。玉可能是城头山时期的货币之一，谁拥有了玉，就相当于拥有了一笔不菲的财富，代表的是显赫的身份与地位。

城头山出土的玉器有玉璜、玉环与玉玦等几件玉器，这些玉器都显示主人的身份不一般。远古的先民认为，玉器是沟通天、地、人、神的法器，只有地位高贵的人才能拥有，一般人则无法企及。

握鼎墓主的颈部那两件玉璜，是作为一种装饰品和身份的象征佩戴在他的脖子上，以显示出墓主身份的不凡。玉玦是从墓主身旁的女性头骨旁发现的。从玉器大多装饰在人的头部位置来看，这也说明了古人对玉的重视。玉器被赋予的这种特殊社会功能，是玉从石中分化出来的标志，也使玉器具有了高于其他器类的地位，如陶器、石器。

既然澧阳平原不产玉，那么这些玉器又是从哪里来的呢？玉璜究竟是什么东西呢？

玉璜，在中国古代与玉琮、玉璧、玉圭、玉璋、玉琥等，被《周礼》一书称为是"六器礼天地四方"的玉礼器，有"以玄璜礼北方"的记载。六器之中的玉璜、玉琮、玉璧、玉圭等四种玉器历史最悠久，我国早在8000多年前的新石器时代就已出现。

璜，《说文解字》把半璧形玉器称作璜。文物考古界则习惯把形同璧或环的扁平截段形玉器称为璜，也就是满月为环半月为璜。它是一种弧形玉器，弯弧两端有小孔。从其他遗址墓葬的出土情况来看，玉璜往往出现在墓主颈下，用于佩带，故有"佩璜"之称。

《周礼》还说"半璧为璜"。关于璜的来历，有很多种猜想：一种说法认为，璜是早期的火镰，古人出于对火的崇拜，便立为礼器。另一种说法认为，在原始渔猎时代，古人喜爱模仿自然，璜的造型是模仿鱼，因为考古学家发现同时期出土的彩陶上绘有大量抽象和直观的鱼纹。还有一种说法则认为玉璜文化与渔业和原始的航运有关，我们看到的那个时期的玉璜既像船也像彩虹，它极可能起源于南方先民们对水神的崇拜。

城头山出土的这副玉璜质地均为玛瑙，长9～9.8厘米，有两根，两边有孔。这副玉璜有两个特点：一是双双并列佩戴。这种情况极为罕见。二是其材质为玛瑙。当时用玉做璜的比较多，但用玛瑙做璜却非常少见。

这副珍贵的玉璜是如何到城头山来的？我们先从古玉文化说起。

新石器时代有南北两个玉器的代表文化，北有红山文化，南有良渚文化。红山文化是中国北方地区较重要的新石器时期文化，距今5000多年，持续时间约2000年。1935年，在内蒙古赤峰市红山脚下发现了它的第一处遗迹；1954年，被正式命名为红山文化。它的玉器加工比较有名。

在内蒙古赤峰发掘的比城头山还要早2000年的兴隆洼遗址中，出土了多件玉器，同期的辽宁也发掘出玉器，并且在内蒙古还发掘出了属于红山文化遗址的加工玉器的古遗址，出土的玉器中不仅有装饰品还有器形较小的"仿"农具。

而南方的玉器代表文化有浙江余杭的良渚文化，玉器品种繁多且精美，同时也发掘出

大溪文化玉璜

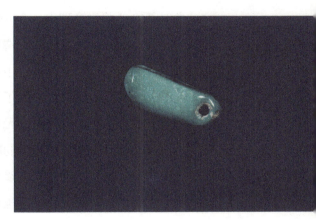

屈家岭文化绿松石坠

屈家岭文化玉环

145

了玉器加工遗址。

城头山的玉器和内蒙古的兴隆洼玉器以及浙江的河姆渡玉器比较，形状大同小异，甚至玉的材质也有相似之处。为什么在当时交通工具很不发达的情况下南北两地做出的玉璜有异曲同工之处？

不难看出，5000年前的中华大地上，人口的流动、聚落与聚落之间的活动比较频繁，像玉器这样贵重而精美的东西是不是聚落之间的礼尚往来呢？就像现在国与国之间首脑互赠国礼，或者是哪次战争擒获了对方的首领而缴获的这副玉璜……

这对玉璜的由来之谜，目前考古界没有给出答案。但随着考古的深入，相信不久的将来会理出一个清晰的脉络。因为，我们从安徽薛家岗古遗址出土的一只6000年前的玉镯和北方红山文化遗址中出土的一只玉镯无论外形还是材质都一模一样中可以看出，当时的玉器流通，无论是主动还是被动，均已经南北交融了。

也许，玉璜具体的来历已经无从考证。但是玉璜的出现，肯定与澧阳平原发达的稻作文明有着密切的联系。

有考古专家认为，这两只玉璜与江淮地区北阴阳营文化出土的玛瑙璜极为相似。由此可见，这一副玉璜以及城头山发掘出来的其他玉器很可能起源于长江下游地区。

一些考古专家认为，水稻发源于长江中游已经是既定的事实；因为人工水稻的快速发展，遂有了城头山城。在当时，城头山已经成为区域性交易中心。稻作文明然后经由城头山传向长江下游地区……也许是在水稻的这种传播过程中，长江下游地区的玉璜玉器被带回了澧阳平原。

从玉器用来装饰可以看出，对美的喜爱和追求是人的天性。人类从发现美开始，就少不了各种各样的装饰。普通人一般就地取材，贝壳、羽毛、花朵……都可以用来装饰自己。城头山出土的三个石环，也许就是渴望玉环而又得不到玉环的女人最后由石匠打磨的装饰品，或者是某个石匠为心上人精心打造的定情物。

但玉璜除了装饰外还被赋予了宗教的含义，它是巫师作法时必戴的法器。

除了城头山玉璜的来历之谜未解外，玉器的加工也有待我们探讨。我们现在还不能解释史前人类是用什么工具来雕刻玉器的。"他山之石，可以攻玉"是人们经常用来解释古时玉器加工的老话，新石器时代相当原始的生产工具，我们的先祖是靠什么技术把玉切割开来，然后加工成圆形并在上面打上规则的小孔的？如此精致的玉器，折射出当时手工业有多么发达，而先祖的聪明和智慧，也让我们无比佩服。

从玉器是一种身份与财富的象征可以看出，当时阶级已经分化，在征服和掠夺中，残酷的战争必不可免。

谁是奠基者

城头山虽然有着先进、发达的农耕文明，但同时也因为处于原始社会的野蛮环境之中，限于当时的条件，依然有着残酷甚至血腥的一面。

考古工作者在城头山的一期城墙第一层到第二层之间，发掘出一座墓葬，墓坑形状较为特殊，为葫芦形土坑，四壁略斜，底部为坡状。人骨架即随坡放置，头部较高，由头至髋部呈坡状倾斜，髋部以下略平。墓主人为一成年男性，身高在1.75米左右，无任何随葬品。该人被埋在城墙之中，应该是葬于两次筑城期间。考古学家推测，这与当时筑城时有过某种仪式有关，很可能为城墙奠基时的牺牲。并有人根据墓主身躯高大而墓坑太小这一奇异现象，推断当时场面非常匆促，其情其景异常惨烈，奠基者应该不是一个普通战俘，而有可能是一个显赫人物。

很多人也许不知道，"牺牲"一词还有另一层含义：当名词用时，古代指祭祀或祭拜用品，如供祭祀用的纯色全体牲畜或供盟誓、宴享用的牲畜。色纯为"牺"，体全为"牲"。显然，这位成年男性就是"人祭"。

在城头山，不仅有"人祭"，还有"人殉"，而且这些痕迹为数不少：在疑似为王墓的墓葬旁边，有一个个不规整的坑，里面没有随葬品，被捆绑双手的人骨与兽骨交杂；而墓主骨架左侧，赫然见一小孩头骨，可能也是殉葬品。

在祭坛正中那座被怀疑是巫师墓的旁边，还有几座墓环绕在它的周围，墓中也不见有任何随葬品，其中有一个墓的墓主为仰身屈肢，但缺左上肢和右下肢，这可能与祭祀活动存在某种关联。

原始氏族把断肢看成是馈赠友人的一种报答行为，或者是祭祀中的奉献行为。所以，城头山墓葬中的断肢现象，很可能与祭祀有关。从这个意义上说，这附近所埋墓葬，与祭坛及其相应的祭祀有关，属于比较特殊的阶层，或者也有着比较特殊的事件，很可能就是"人祭"或"人殉"。

人殉和人祭是我国古代非常野蛮残忍的制度。因为古代人笃信鬼神，常常为了满足死者或神灵的"意志"而残杀生灵。被杀戮的有人，也有牛、马、羊、犬、鸡等各种动物。这些被杀戮的生命被称为"牺牲"。以人为祭献物，即将活人作为牺牲祭献神灵的仪式，史前宗教和原始宗教中都曾有过此习俗。

祭坛Ⅰ上层屈肢葬M770

人祭起源于原始社会的部落战争。由于当时处于野蛮阶段，生产力低下，因此凡是俘虏，通常妇女娶为妻，儿童或收养或杀害，男子则杀祭于祖先灵前，以告胜利。

早期人祭活动的内容和形式是多种多样的，多是指杀人来祭祀人格化的神灵和对山川等的自然崇拜，有人把这种形式叫做猎首习俗。

以人为猎物的祭祀现象，在原始社会还不能说是阶级对抗的产物。因为在原始时代，祭祀的本身也是一种极其重要的崇拜形式，甚至有人自愿人祭或陪葬，认为是奉献给超自然或死者的一份最崇高的礼物，其行为显得格外悲壮，这就是牺牲精神这一说法的来源。

虽然都是杀死活人以为"牺牲"，但人殉与人祭之间有着明确区别：所谓人祭，则是指祭祀者用活人作为向神灵、祖先祭祀时"献牲"的制度，它属于祭祀制度。所谓人殉，即是指用活人陪葬的制度，它属于丧葬制度。

人殉的发生时间通常在埋葬死者的同时或稍后。人祭虽然也可能是在埋葬死者的同时发生，但更多的是落葬以后较长的一段时间内。殉人往往与死者同穴或者在死者坟穴附近，而人祭所用"牺牲"虽然有部分与死者同穴，更多的却是埋在死者坟穴前部，保持着一定的空间区隔。人殉可以有随葬品，人祭一般是没有随葬品的。人殉保持着全躯完整，人祭更多的是身首异处。人殉所用的人身份比较复杂，他们大多是死者生前的近臣、近侍，有贵族、有平民、可能也有奴隶，人祭所使用的人多是战俘。

细心的学者发现，人殉与人祭最根本的区别在于目的不同。人殉是为了死者，即让殉人侍奉死去的祖先或亲人；人祭则更多地是为了生者，目的是祈求神灵保佑在世的行祭者。

城头山发现的人祭或人殉现象，反映出阶级和等级分化的尖锐，对于界定我国原始氏族社会和阶级社会分期的年代具有重大意义。

尊重生命是人类文明最重要的表现。面对这些残忍的人殉、人祭习俗，无法否认，我们祖先对生命的理解和阐释与今天的我们有着天壤之别。由此看来，人祭之风的兴起，也是万物有灵的反映。这种野蛮的原始宗教观念，曾使人类付出了昂贵的代价。这种宗教形式，可算得上人类史上最黑暗的一页。

枫香木揭秘

城头山城中心有一宫殿式的大型建筑，这个遗址遗存有大量朽木。参与过澧阳平原中日联合考古的米延仁志，是一个精于做学问的日本学者。他通过对这一堆腐败不堪的朽木的树种类别的分析，发现"枫香木比例高达80%以上，而遗址周围同一文化层的泥土中，枫香树花粉出现概率却很低，不到10%"。这就说明了遗址周围并不存在大片的枫香树林，建造宫殿所用的特种木材——枫香木，是从其他地方搬运进来的。进而推出的结论是：建造祭坛特选枫香木是城头山人出于对枫香树的信仰。

枫香树分布于我国秦岭及淮河以南，要在海拔220～2000米之间的平原或山地中才能生长。而澧阳平原不管是6000年前还是现在，都不宜生长枫香树。主要原因就是当地容易发生水涝，而枫香树一涝就死。

那城头山为什么要舍近求远，不就地取材，而要专门从山上搬运枫香木来建造这座宫殿呢？枫香木究竟代表什么？是不是有着鲜为人知的作用？我们先从祭鼓说起。

澧水流域有一民间文化魁宝——大鼓，也称孝鼓或丧鼓。这种文化历史久远，凡家中老人去世后，必须要请鼓匠艺人来祭鼓，以慰亡灵。

遗憾的是，远古的祭鼓辞在澧水流域已经失传，但在苗族居住区还有部分流传，有心人把它搜集整理出来，惊奇地发现这哀婉动人的祭鼓辞就是一部苗族的"史记"。辞中说的是祖先创世与迁徙征战的悲壮历史。据传，他们的先王是个精通巫术的首领，氏族庞大，拥有7个女人，生了40多个儿子，他们修建城池造宫殿，带兵练武保家园，广种粮食兴集市……在中原南侵时，他的后代英勇作战，但最终战败，不得不从富庶的平原一次次迁徙到大山。

数百年后，后代寻故土再回到平原时，发现祖先的领地被一场泛滥的洪水淹没，厚厚的淤泥把枫香木的房子埋在了地底……

祭鼓辞最后唱道：死亡不是生命的结束，而是生命的又一继续。逝者背上出征的包囊，身穿先辈的麻衣，带着糯米饭干粮，揣上生火用的火种、一双草鞋、一身古战士的武装，在儿女的恸哭声中，骑上战马，从此，只身一人踏上漫长的回家路。他们朝着太阳初升的方向，追寻着几千年先祖征战迁徙的足迹，穿越时空，沿着一代代人的心灵地图，寻找一个如今已经不知道具体地名也不知道坐落何方的平原上的家园，因

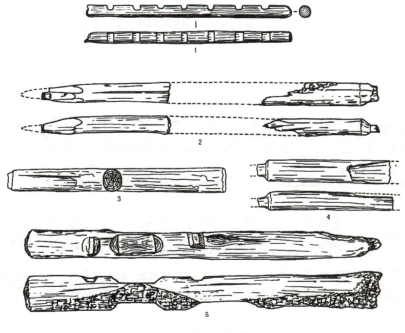

大溪文化木建筑构件

为心在那里。

这个史诗所说的故事，与城头山的历史有着惊人的相似。这之间究竟有什么联系？城头山宫殿的枫香木与之又有什么关联？苗人所追寻的心灵家园会不会就是城头山呢？

如果是，那么，城头山不辞劳苦从远处运枫香木修建宫殿就不难理解了。因为有学者通过研究发现，苗族的祭鼓节祭祀的正是传说中的人类祖先——蝴蝶妈妈。他们认为，人的生命是由生于枫香树树心的蝴蝶妈妈给的。由此可以看出，苗族人对枫香树的崇拜，就是对祖先的崇拜。

苗族中至今仍能看到把枫木作图腾加以崇拜的信仰，枫木的苗语翻译成汉语即是"心心"，而这"心心"不是别的，正是枫木的心心。在黔东南，"一棵枫木"就含有"一个祖先"、"一根支柱"的意思。在村寨种植枫木，意在村寨安宁；在桥头种植枫木，意在平安过桥；在田坎边种植枫木，意在五谷丰登。家里有人久病不愈，便给枫树烧香、叩头、挂红，祈求驱走病魔。在建造房屋时，以枫木作中柱，以求保佑子孙万代兴旺不衰。

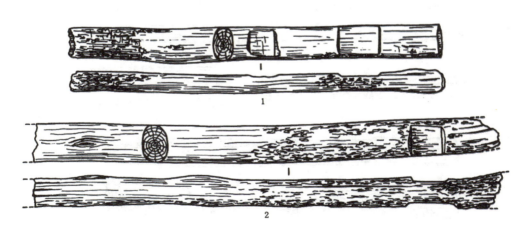

大溪文化木建筑构件

城头山人建造宫殿特选枫香木，是否出于同一信仰呢？

《史记》里有这样的记载，炎、黄联合打败了蚩尤。蚩尤败后，族人流散，一部分归附黄帝，一部分则向他处迁徙。

蚩尤是个什么样的人呢？他是中国神话传说中的部落首领，居住在长江中游，也是苗族相传的远祖之一，其活动年代大致与华夏族首领炎帝和黄帝同时。《史记》中还有蚩尤部落活动过的地方留下城、坟冢、祀祠等遗迹的记载。

也有学者认为，城头山时期的洞庭湖区是苗人的天下，特别是在5000多年前繁荣昌盛急剧扩张的时期，其足迹有可能到了黄河流域甚至更远的地方。在被炎黄一举打败后，苗人流落迁徙到南方的大山深处，包括如今的川南、黔西北、张家界，湖北的恩施、鹤峰和重庆的秀山等地。

从《史记》中的这些记载，联想苗人祭鼓辞中的传说，再看苗人对枫香木的至高崇拜与城头山宫殿的枫香木中柱，我们似乎能够从中发现些什么。城头山是一座有着太多谜藏的古城，透过这座谜一样的古城，我们仿佛看到了远征的战士奔赴那广阔的战场。

战争迷云

城头山有一疑为奠基者的墓葬，考古专家推测墓主人可能是战争中的一个重要战俘，甚至有可能是首领级人物。在祭坛上面也发现众多的人祭现象，这种人祭大多都是从外族部落擒获的战俘。

在城头山的发掘中，石器中钺、镞等武器明显增加，这一切都显示着战争的阴影一直笼罩着城头山城。

钺作为中国古代兵器，其形制似斧，以砍劈为主，后因其沉重、灵活不足，终退为仪仗用途，常作为持有者权力的表现之用。镞也是一种工具，但同时也成为战时的武器。

能够反映战争迹象的还有西门发现的类似瞭望哨的遗迹、北门发现的类似瓮城的设施、唯一的南门陆地通道……其实，最能直接反映战争的莫过于高大的城墙和宽阔的护城河。

城头山在筑城之前就有过地盘之争，其筑城的主要原因也在于此。城头山的战争大概分为三种：一种是因为资源紧张导致部落之间为争夺土地等资源而发生的小规模战争。这类战争也只是发生在早期，即第一期和第二期筑城期间。战争肯定会产生战俘，城头山的屈肢墓葬有可能就来自这些战俘。第二种战争发生在城头山的鼎盛时期，因为向洞庭湖区纵深扩张，有可能树敌太多，导致其他部落联盟反攻。城头山的第三、四期城墙加固与护城河的拓宽，应该具有这方面的针对性。以上两类战争都属于一种常规化的战争，对城头山的霸主地位影响不大，没有太多悬念。唯有第三种战争是在一个很大的背景下展开的，且一直迷雾重重，至今未解。

由于史前没有文字记载，所以自春秋战国以来，中国的历史典籍都只是根据历史传说追溯到5000年前的新石器时代，也就是父系氏族阶段的黄帝时期。当时，中华民族有三个著名始祖：黄帝、炎帝、蚩尤。

蚩尤是苗族的先祖。苗族和远古时代的"九黎"、"三苗"、"南蛮"有着密切的一脉相承的关系。5000多年前，生活在长江中游的苗族先民不断扩张，并不断向洞庭湖平原和江汉平原延伸。他们经过世世代代的生息繁衍，通过艰苦卓绝的努力，逐渐形成了部落联盟——九黎，并推举蚩尤为首领。

当时，以城头山为核心的洞庭湖平原应该是九黎部落生活的主要区域。那时，正是城头山的鼎盛时期，他们向外扩张的同时也完成了第四次筑城。

九黎借助优越的地理条件不断开拓，一跃而成雄踞洞庭湖区的强大部落，并且最早进入中原。

传说中九黎是九个部落的联盟，每个部落又包含九个兄弟氏族，一共八十一个兄弟氏族。蚩尤是九黎族的首领，兄弟八十一人，即八十一个氏族酋长，个个英勇善战。

《史记》记载九黎部落从长江中游进入中原之后，炎帝族也自西部进入中部地区，与九黎族发生长期的争夺地盘的冲突，九黎族驱逐炎帝族直至河北涿鹿。后来，炎帝族联合黄帝族与九黎族在涿鹿展开了原始社会末期规模空前的部落大战——涿鹿大战。

F型Ⅱ式石钺

A型石钺

B型Ⅰ式石钺

B型Ⅱ式石钺　　　　　　　　B型Ⅲ式石钺

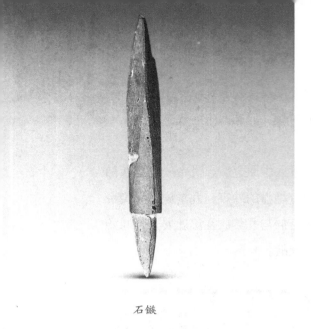

石镞

石矛

在战争初期，炎黄二帝由于兵力不足，加上对地形气候不了解，因而"黄帝与蚩尤九战九不胜"。后来，黄帝族创制了可以识别方向的指南车，并增添了兵力，才转败为胜。最后双方决战于涿鹿，九黎族被打败，首领蚩尤也被生擒。为了侮辱他，炎黄族专门用苗人当祖先崇拜的枫木打制牢笼关押示众，后致死。在今天的河南濮阳西水坡发现了蚩尤真身墓，证明史载为实。

九黎战败以后，其势大衰，他们退出黄河下游，又回到长江中游一带的广阔地带休养生息，考古学家在今安乡划城岗发现了他们活动过的遗迹。到尧、舜、禹时期，他们又形成了新的部落联盟，史称"三苗"。大约在4300年前，他们形成了部落酋长国，即考古学家认为的处于长江中游的石家河古国。他们与南方各地的同盟组成了苗蛮集团。

在这个大背景下，当时的城头山的情形是怎样的呢？有学者认为，涿鹿之战蚩尤战死前后，城头山已经完成重心转移，早已通过鸡叫城向洞庭湖和江汉平原发展。石家河古国的形成与建立，有可能就是这种发展的结果。石家河的城池结构与城头山、鸡叫城如出一辙，只是规模要大得多。

这时，中原的发展也越来越快，并形成了势力庞大的华夏集团。同时出现的冶金业，标志着铜器时代的到来。其作战的武器相对江汉平原的石矛来说，就好比如今的高射炮对步枪。他们大举南下，与三苗集团进行了一场历时70天的大战。

史书中记载，当时，三苗地区疑似发生了大地震。天灾的降临，让此地在战前已充满了恐怖的气氛。自然怪异，灾变频繁，百姓惊恐，禹乘机发动大规模进攻。交战开始，战斗十分激烈，互有胜负。突然，战场雷电交加，三苗领袖不幸被箭射中，苗师大乱，溃不成军。从此，以石家河为中心的苗蛮集团节节败退至大山深处，华夏集团占据了长江中游地区。

那么，双方交战时突现怪异的天象究竟是怎么回事呢？这与本书前面所说的北纬30°有关。当时，处于同一纬度的巴基斯坦有个起源于4600年前的摩亨佐达罗古国，它创造过辉煌的印度河文明。后来，这个文明古国突然毁灭了。考古发掘证实，当地曾发生过多次猛烈爆炸，时间正好与三苗出现怪异天象同时。

可能的解释是，当时在印度河下游发生了外来天体撞击地球的事件并引发了大爆炸，对巴基斯坦的摩亨佐达罗文明古国造成了灭顶之灾。爆炸之时，正好是夜间，天空亮如白昼，而后灰尘遮天蔽日，弥漫数天不散，还引起暴雨如注……这一怪异天象也影响到了处于同一纬度的苗蛮地区。

我们可以想象，当时城头山所在的澧阳平原也一定经历了这一天象所带来的灾难，同时也经历了这场血腥残酷的战争，最终与石家河一样悲壮地湮灭在历史的长河之中……

城头山，一座饱经沧桑的古城，一座追求文明祈求安宁的古城，不管护城河有多宽、城墙有多高，却仍然摆脱不了战争的阴影。这应该是人类值得反思的一个问题！

最后的谜团

城头山城从大约6300年前开始修建，历经4次筑城，影响日渐扩大。到了大约5000年前达到发展的巅峰：高度发达的稻作文明、可以规模化批量化生产的陶窑、先进的城市系统、成熟的社会分工、王宫与神殿的形成等，创造了中国历史的奇迹。但是，城头山经历了2000多年的快速发展后，却在鼎盛时期（约4000年前）突然神秘消失。那这座邦国古城消失的原因是什么？谁遗弃了古城？城中的人去了哪里？

考古工作者对此进行了深入研究。

专家很快发现，在王宫、神殿频繁使用的时期，已有的青冈栎类和栲类森林遭到了严重的破坏；同时，根据昆虫化石分析表现，聚集在人类和动物粪便上的食粪性甲虫、聚集在污物上大型苍蝇类的蛹等都市型昆虫，在当时急剧增加。这些资料表明，随着城头山都市化的进展，城头山内生活的人口一度达到几千人。人口的增加，对城外的植被需求量增大，导致了植被被严重破坏。同时，城内污染也越发严重，这为爆发瘟疫提供了条件。因此，城头山城被废弃的原因可能是伴随着人口激增而引起的污染和疾病的蔓延。

可以想象出，瘟疫的蔓延最终导致整个澧阳平原横尸遍野。无奈之下，幸存的人们不得不泪别这块有着太多牵挂的故土，另寻出路……

城头山消失的另一个原因很可能是气候变化引起的民族迁移。

有专家对地球的总硫黄含量进行了研究，发现从5300年前以后，总硫黄含量时增时减，但整体下降；4200年前为明显下降期，这种下降期一直延续到4000年前。这个数据有什么意义呢？因为总硫黄含量的下降会引起海平面的下降，同时也昭示着气候变冷，而4200年～4000年前为明显的气候恶化期。城头山的消失恰好就在这一时间段，显然与这个时间段的气候恶化密不可分。

4200～4000年前袭击欧亚大陆的气候恶化现象，极有可能是导致以城头山城为代表的长江文明等古代文明消亡的一个重要原因。但气候的恶化，并不是导致城头山城灭亡的直接因素。

在当时，气候的恶化其实并没有给处于湿润地带的长江地区带来影响，它影响的是生活在北方地区的人们。为了寻求更佳的生存地，北方地区的人们不得不大举南下。于是，拥有金属武器的北方旱作畜牧民族侵入，摧毁了长江流域最为发达的都市——城头山。这和有些学者所说的中原文化南侵基本相符。

考古学家推测，可能的解释是：攻占了城头山城的北方人将城头山的财富掠夺一空，但习惯了游牧生活的北方人却无法去经营这么一座先进的城市。他们在城内财富消耗殆尽的时候，又放弃了城头山，去其他地方寻找粮食，而被赶走的城头山人则很难再回归故园。若干年后，当他们回到城头山时，古城已经成为一片废墟，无奈之下，他们只好选择他处再造辉煌……

不管是什么原因，城头山的消失似乎是突然性的：在发掘城头山时，仅仅2米多深的现代耕作层下面，就有保存基本完好的几千年前的屋基及土灶，四口连体大灶上的陶釜仍在，好像人们走的时候正在做饭；还有，那几千年前的制陶作坊至今仍清晰可辨，拌料坑里剩下的泥料也说明人们当时正在工作状态……如果那段历史之后人类生产活动是渐进的而不是突变的，那么人们是不会放弃本已习惯的生养之地而另找栖居场所的。

还有一种说法来自著名历史学家俞伟超，他研究表明，在夏朝建立以前，长江流域文明因为有史记载是因大洪水泛滥而中断废弃的，长江流域文明也因此衰亡，一直到1000多年后的春秋战国时期才又重新发达起来。既然洪水泛滥，那以当时的人力自然无法抗拒。洪水滔滔，汪洋一片，墙倒屋塌，人畜随波漂流，等到千年之后人类重新开发时，原貌也被淤积土封存。

也许，现在还没有找到城头山消失之谜的合乎本来事实的正确解释。但城头山地区的文明起源与发展在长江中游地区乃至世界都有一定的典型意义。以城头山城为代表的长江中游地区古文化，是参与中国文明形成进程中发挥了重大作用并产生了深远影响的主要文化类型之一。

城头山这座积淀深厚的古城，给世界留下了很多宝贵财富和文化遗产，同时也留下了不少谜团，而正是这些未解之谜，给古城平添了无穷魅力！

【第七章】

魅力永存

随着稻作农业的进一步发达，

城头山逐步成为洞庭湖区的文化中心。

城头山古城的出现

表明洞庭湖区史前社会发展到了高峰。

这个高水平的社会集团

引领了长江中下游文化的发展。

这种文化进而传播四方，

影响世界！

平原上的"金字塔"

我们不妨想象一下五千年前澧阳平原上的聚落景观：城头山城宽阔的护城河周围，满目金黄色的稻田勾画出一道美不胜收的风景线。稻田中间，河网交错。稻田尽头，树木掩映着几个大型的环壕聚落群，它们均匀分布在城周不同方向，构成一道城外防御线。聚落群外，举目四望，又是一望无际的田野。田野中间，间杂着一些普通聚落或一个个小村落……整个平原一派祥和，丰收在望。

原始社会的澧阳平原真的有这么安宁祥和吗？聚落间有没有冲突与战争？是什么机制在发生作用，使其提前进入了文明社会？

文明社会的一个重要标志，就是公权力与社会体系的建立。城头山最大的影响力就表现在此。它率先在澧阳平原上建立了一个相对完善的社会体系，并持续了近2000年之久。

大溪文化以前，澧阳平原聚落稀疏，人口较少，土地空间大，各个部族之间不会为土地资源而发生冲突。到了大溪文化时期，部族间的发展不平衡逐步凸现，像城头山这样基础好的聚落发展很快，它形成了聚落集群，人口大幅增加，聚落规模逐步扩大。而有的聚落却由于各方面的原因，发展缓慢。这种差距随着时间的推移慢慢扩大和加剧，最终导致了聚落社会的等级化。

这种等级分化必然会导致社会矛盾的扩大。在这种情况下，城头山如果仅仅只是筑城防御，城外没有形成一道道严密的组织和防线，哪怕是固若金汤，最终也要在四面楚歌中土崩瓦解，根本不可能维持近2000年之久。那么，城头山在澧阳平原乃至洞庭湖区，究竟扮演了一个什么样的角色？

考古工作者调查发现，在屈家岭文化中晚期，也就是公元前3000年至前2600年之间，澧阳平原上的聚落分布并不是那种随意性的一盘散沙，而是有章可循的，这从它们在空间地点的分配与分布上可以看出。从这一点上可以判断，整个澧阳平原当时已经形成了一个严密的社会体系，那么，管控这个社会体系的是谁呢？

在后来的调查中，考古工作者惊喜地发现，澧阳平原上的聚落结构也相当严密科学，形同一个金字塔，大致分为四级。

最基层的就是面积较小的村落，它们分散在某一聚落的周围，构成聚落系统里最基层的社会单位，也就是金字塔的最底层。这种层级有点类似我们现在的村庄或小村子。

村落之上就是聚落。它们是由几个村庄形成并有密切联系的集体，比如有联姻关系，类似我们现在的行政村。

再往上，就是像三元宫这样的大型聚落，它在城头山东北20公里处，面积达数万平方公里甚至更大，因为挖有环壕，称之为环壕聚落。这种层次有点类似我们现在的乡镇。

而环壕聚落之上，就是像城头山、鸡叫城这样的城壕部落。它们显然是周边环壕聚落的中心，有点类似我们现在的县城，从而形成了更高的权力层级。

考古学家认为这种分布形成了澧阳平原上独特的史前聚落景观，它们之间存在某种经济、文化乃至社会组织上的关联。

考古学家在后来的调查中发现，这种组织脉络越来越清晰，整个澧阳平原存在某种共同遵守的准则和规范，也就是社会秩序。那么，一定就有高于单一社群的某一机制在各聚落间发挥作用。不然，从大溪文化第四期开始，也就是5300年前，澧阳平原上的器物风格不可能高度统一。这说明已经存在集中的陶器产品生产地点，并形成了相对严密的区域交易供应网络。还有，墓葬制度也同样整齐划一……

　　不难看出，这一切，都是城头山在发挥管控作用。城头山在长达约2000年的时间内之所以具备这样的管控力，充分说明了它在平衡社会关系方面发挥了积极作用，得到了澧阳平原上所有聚落的拥戴。同时，也为稳固自己的领导地位奠定了坚实的基础。简言之，整个澧阳平原就是城头山最为强大的防御体系，城头山也成了"金字塔"的塔尖。

　　最重要的是，城头山在澧阳平原建立起一个相对健全的社会体系，为加速文明社会的进程树立了最早的榜样。

古城古国

　　在对城头山持续30多年的发掘与研究中，从最早推测为古墓，而后是楚城，再推测为4800年前的古城，最后又欣喜地发现第一期城墙有6300年历史……城头山的年代与定位被奇妙地一次次刷新。有考古学家还认为，城头山不但是一座古城，还是一个古国。

　　为什么说城头山是一个古国呢？

　　考古专家苏秉琦先生提出，中国国家起源可以概括为三个发展阶段，即古国、方国、帝国。并指出古国时代可以从古文化、古城、古国谈起。古文化指原始文化；古城指城乡最初分化意义上的城和镇，而不必专指特定含意的城市；古国指高于部落以上的稳定的、独立的政治实体，即早期城邦式的原始国家。

在城内发掘出来的陶窑以及各式纺轮，说明了制陶、纺织、手工业和农业的分离，城的各种功能趋于成熟。

学界普遍认为，城市的产生应是农业革命的结果。古人类告别了采集食物阶段，开始人工栽培种植食物，这使得他们得以在一个地点定居下来，告别不断迁徙的生活。城头山城为学界的推理提供了一个实证。

洞庭湖区8000～9000年前的稻作材料和6500年前古稻田的发现，可以解答人们的一个疑问："为什么中国最早的城出现在洞庭湖平原？"因为城的出现是村落形态演变的结果，而村落的出现和变化基础是食物生产的不断丰富。

用湖南省文物考古研究所前所长何介钧的话说，"农业经济的发展，极大地促进了定居的普遍性和稳定性，人们产生了对土地的高度依赖，在原来维系氏族部落的血缘关系之外，又产生了浓厚的地域或领域观念。这些观念和行为的变化，直接的结果就是恩格斯所界定的国家的主要指标'公共权力'的形成，由此出现由古国到方国再到王国的递进转化，也就是国外学者所说的从简单酋邦社会到复杂酋邦社会再到国家社会的递相转变"。城头山恰恰就是这个转变过程前期的典型例证。

城头山出土的屈家岭文化陶盘

从城头山的墓葬文化来看，随葬品有了较大区别，等级分化非常严重，说明贫富分化和阶层已经产生。

城头山那个佩戴玉璜还有众多殉葬者的墓主，精美的陪葬品多达几十件，这是我国发现最早的殉葬、陪葬墓。人们对墓主的身份也有争议，有人认为是国王，有人认为是首领。虽未有定论，但都说明王权制度的影子已经在城头山出现，成为很多学者推断"城头山进入古国"的重要依据。

城头山城的修造是一个庞大的系统工程，需要大量的人力物力资源，需要调动周边聚落的力量。这一切都显示其背后有完善的社会协调和支配机制在发挥作用，说明城头山在当时已经具有广泛的辐射力、影响力，甚至是领导力。

无论从城头山城的规模、功能，还是从其工程规划与施工来看，它不仅是一座城，而且已经成为统领一方的政治中心。北大教授俞伟超写过一篇论文专门论述这个问题，题目就是《城头山古城至少是当时一个地区或古国的政治文化中心》。

以城头山城址为中心，在澧阳平原上分布着50多处与城头山相同时期的聚落遗址，说明当时城头山古城已是控制这些聚落的一个早期邦国文明的政治、经济中心，早期邦国文明已经在这里诞生。

城头山古文化遗址是我国已发现的历史最早、保存最完整、历史信息与内涵最集中最丰富的古城址，涵盖哲学、宗教、政治、军事、建筑、农业、手工业、婚姻、丧葬等诸多方面的文化，让人感到"城头山时期"的社会形态已明显地打上等级、贫富烙印。这样一座史前古城，基本具备了一个早期复杂社会所需要的经济基础和上层建筑，说明这个社会已经孕育出相当复杂的政治系统。

很多历史学家、考古学家都将"城"认定为鉴别国家的指标，古文字关于"国家"的字眼往往和城墙联系在一起，也就是把城郭沟池作为国家的要件。由此也可以确认，城头山古城是目前所知中国最早出现的古国。

城头山作为早期邦国文明，其文明起源经历了农耕聚落—中心聚落—邦国三个阶段。城头山地区邦国文明的产生是中国早期文明产生的一种模式，在长江中游乃至中国早期文明起源中有一定的典型意义。

神奇的传播

有考古资料表明：江苏镇江发现了一处良渚文化时期的遗址，奇妙的是，这个古遗址也叫城头山，它是5000年前突然出现在一座岛上的。无独有偶，鄱阳湖的一个岛上也发现了一个5000年前的古遗址，它的名字也叫城头山。

它们为什么都叫城头山呢？这难道仅仅只是一个巧合？从年代上看，正是澧阳平原聚落人口猛增的时期。那么，他们会不会是澧阳平原城头山先民的根系，是由城头山的"移民"创造的？

城头山的鼎盛时期，周边聚落群人口激增，资源紧张，移民就成了一种很自然的自发现象。学界一直认为，洞庭湖区是长江中游新石器文化的发源地，也是文化传播与交流的重要区域。城头山在其中发挥了引领潮流、传播文化的作用。

对自主移民有过研究的人都知道，这是一个很有活力的群体，一般都是具备一定能力又不满足现状但对未来充满希望的人。城头山的移民先祖也是如此。

当时的城头山人才济济，有精于种稻的、擅长制陶的、巧于编织的，有石匠、篾工、木工、船工等各种能工巧匠，还有游离于上层又得不到重用的巫师、药师……他们怀着很复杂的心情告别城头山，向着更开阔的远方，迈出了早期移民的第一步。

这些手艺人大多在外地获得了成功，他们把城头山文化传播到各地，同时也把外地文化带回城头山。他们的成功使城头山的移民现象得以延续。在以后近2000年的时间里，从城头山走出去的移民遍布长江中下游。

其实早在旧石器时代晚期，洞庭湖区的稻作农业就开始由长江流域向东南沿海传播。那时候，洞庭湖区与华南已经有着广泛的联系。考古发现，在珠江三角洲地区出现了不少类似于大溪文化的彩陶，就是由洞庭湖地区文化传播所致。

对城头山颇有研究的考古学家郭伟民先生针对这种现象有过这样的分析："随着洞庭湖区农业的进一步稳固，人口的进一步增多，人口与土地之间的矛盾就会愈加突出，因而殖民和移民就会一直发生，这种情况是导致大溪文化时期人口向外迁徙的重要原因。随着移民的出现，洞庭湖区的文化也随同外播，载体就是陶器和工具，随同迁徙的还有无形的文化，包括语言、信仰和习俗。"

目前国际学术界流行"农作—语言扩散假说"。这种"假说"的核心观点是，当代不同语系的分布，在不同程度上与农业的扩散和农作者的迁徙相关，东南亚和西太平洋岛屿目前讲南亚语系和南岛语系的民族

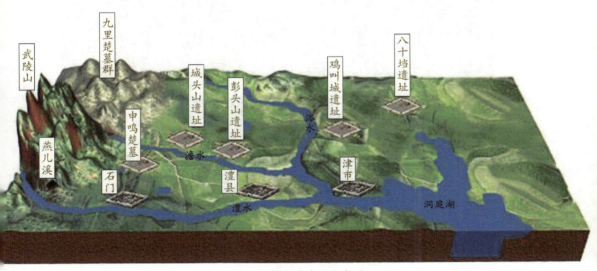

澧阳平原史前遗址分布图

都是从长江中游地区迁徙过去的。

依据这种"假说"，农作的源头直接指向澧阳平原。因为曾经在一段很长的时间里，洞庭湖区的文化中心是澧阳平原，澧阳平原的文化中心是城头山。城头山古城的出现表明澧阳平原史前社会发展到了高峰，这个高水平的社会集团引领了长江中游文化的发展。

由此可见，5000年前，城头山先民已经走得比我们想象的要远。他们传播的不仅仅是文化，同时也传播人类生生不息的精神。从考古学家在澳大利亚发现了两三万年前的中国人化石看，我们先民的造船技术、航海技术、探险能力及生存能力都要优于任何民族，他们的根植能力与传播力也非同寻常。

当然，城头山的文化传播不仅仅依赖早期移民，同时与殖民有着直接联系，也与贸易密不可分。但移民的传播速度可能更快、辐射更远，这也是城头山文化传播世界最为神奇的方式。

A型Ⅱ式盆

涟漪效应

前面说过，6300年前，异军突起的城头山城是洞庭湖区一座地标性的建筑，也是人们顶礼膜拜的心灵圣地，更是一道奇特的人文景观。它对周边聚落形成的震撼力与影响力非常强大，有纷纷效仿之势。

但是，一座城的崛起不是单纯地挖壕筑城那么简单，它需要各种强大的后盾做基础，这不仅涉及人力物力，还有工程技术以及起决定作用的决策群与智囊团。而一般普通聚落并不具备这些条件和能力，所以最终难以望其项背，只有俯首称臣。

以后近2000年间，城头山日益强盛，同时也出现了资源紧张的现象，于是自然而然地开始逐步向更开阔的洞庭湖区扩张。这种扩张首先表现为周边人口和聚落群的增加，也就是我们现在所说的殖民与移民。

考古学家郭伟民先生在《城头山遗址与洞庭湖区新石器时代文化》一书中阐述道："对比屈家岭文化时期，澧阳平原上石家河文化时期聚落的数量呈现出大幅度的增加，这种增加的方式是剧烈的和爆发式的。屈家岭文化时期已经确认的聚落数是53个，而石家河文化时期猛增至177个。大多数聚落是新出现的。"

同期，洞庭湖区也出现了很多聚落群，像华容的七星墩、益阳的泽群关山等，整个洞庭湖区成为聚落的繁盛之地。然后向长江下游及岭南扩散，再由珠江三角洲影响到东南亚等地。

城头山的扩张除了导致周边地区聚落群的增加外，也不排除出于多方面的考虑，帮助当地聚落修筑城池，让城头山模式得到因地制宜的复制。于是，城池一座接一座地在各地诞生。

有考古资料表明，在邻县石首发现的5000年前的走马岭，和城头山如出一辙。城址为不规则圆形，有四个城门，四角各有一制高点，形同城堡，城外环绕着一条宽约30米的护城河。它以种水稻为主，还有渔猎以及养殖，也有烧制陶器、磨制石器等原始手工业。根据墓中挖掘出的大量无头尸骨进行分析，当时这里有过血腥惨烈的屠杀与战争。从精美的石器和漂亮的陶器以及他们居住的大型多间式房屋结构和地面上坚硬的红烧土中可以看出，很多方面都是城头山的翻版。

鸡鸣城位于湖北省公安县狮子口镇，距今约5000多年。鸡鸣城遗址是长江中游地区一座保存基本完整、内涵极其丰富的史前时代古城遗址，它集城垣、城门与环壕于一体，设计布局上与城头山有异曲同工之处。饶有趣味的是，它的城名与澧阳平原的鸡叫城本是同一个名字，只是后来考古学家为了把两者区别开来，才改了其中一个字，叫鸡鸣城。两座相距很近、名字相同且为同一时期的古城，其中是不是有未解的玄妙之谜呢？

如果说鸡鸣城与鸡叫城有某种内在关系，那么它与城头山的关系也就值得考古学家深入探讨了。因为鸡叫城与城头山同在澧阳平原，相距很近，两者之间的关系是密不可分的，它直接反映出城头山的扩张力。

城头山的对外扩张影响深远，到后来实质上就成了一场接力赛，也就是其他具有一定实力的聚落群纷纷借鉴和效仿，并因此产生了涟漪效应，抑或是模仿效应。这种影响力逐步向长江中下游发展，最后形成蔓延之势。后来出现的石家河文化，就是这种涟漪效应的结果。

再造一座城

距今4500年前，在澧阳平原东北部的涔水河畔，离城头山16公里的地方，突然崛起了一座城，其规模之宏大、设施之完备，都要远远超越城头山。

这座城因为筑城速度快，有"傍晚动工，鸡叫完工"之说，所以名为鸡叫城。这虽然只是一个传说，但从中可以看出鸡叫城崛起的速度快得出人意料。

那么，迅速崛起的鸡叫城与城头山究竟有什么关系？是城头山自我政治中心的转移还是一种异族势力与城头山的对峙？

从公元前4300年到公元前2300年，城头山在这2000年的时间里，一直是洞庭湖地区的中心城邦。根据考古学家苏秉琦先生国家起源的理论推断，城头山在那时已初具古国的规模。

在城头山的周围，发现的聚落遗址不下于200处，城头山作为中心聚落的古城，也就是统领近200个聚落的古国。显然，在这种绝对优势的情况下，任何异族势力都不可能在澧阳平原与城头山抗衡，更不可能在短期内迅速崛起并修筑规模宏大的城池。

还有，鸡叫城城墙的规模是城头山的两倍大，使用的人力和物力也是城头山的两倍多。这样宏大复杂的工程，如果没有城头山的统一指挥与摇旗呐喊，没有城头山的资源调配，仅凭鸡叫城当地的人力物力根本完成不了，更不用说会在短期内完工。所以，鸡叫城的出现，怀疑是异族势力的对峙这一推断是站不住脚的。

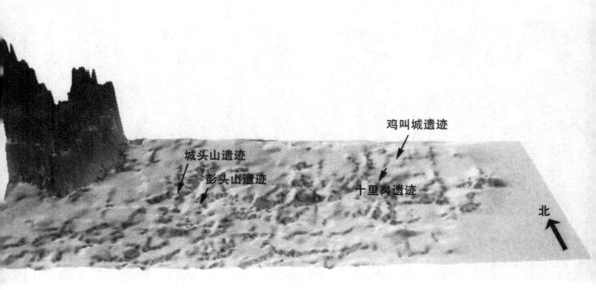

澧阳平原的地形（DEM图像）

其实，大量的考古发现表明，鸡叫城的出现，完全是稻作农业高度发达所带来的结果。鸡叫城地理环境优越，地势比城头山更为开阔，容易向洞庭湖区与江汉平原发展。其城壕聚落集群有明确的规划和空间布局，也就是城池周边的聚落群与鸡叫城的水利系统是统一规划的，设计科学合理，在灌溉方面极为先进；而且有多种防御体系。护城河外有多重环壕，并与水利系统巧妙联系起来。

从这一设计理念可以看出，鸡叫城的设计者已经把鸡叫城设计为澧阳平原稻作农业的中心。

众所周知，以洞庭湖区为中心的长江中游地区是稻作农业的发源地。而在当时，澧阳平原是洞庭湖区的稻作中心。鸡叫城能有这样先进科学的水利系统，也就不足为奇了。

这样完备的水利系统为什么出现在鸡叫城而没有出现在城头山，这

鸡叫城环境现状

要先从城头山第三、四期筑城说起。

修筑鸡叫城之前，城头山作为澧阳平原的中心城邦，其地位、权力、财富……无时无刻不受到外族的觊觎，所以就有了第三期城墙的加高和护城河的扩建。但随着城邦在各方面的不断发展，城头山城的局限性也开始渐渐显露出来。以后几百年间，由于澧阳平原的稻作农业快速发展，加上聚落间的社会关系相对稳定，聚落与人口大量增长。而稻作农业因生产力低下，其发展受到制约。可以想象，那时的石器农耕与种植技术不可能使稻谷成倍增长。急剧膨胀的人口与食物资源出现了严重的不均衡。

城头山应该如何应对这种资源的制约呢？通常的解决办法就是改进生产技术以增加粮食产量，或另找可以利用的资源；第二种办法就是征服与统治，甚至殖民和移民。

城头山双管齐下。首先是征服。因为西靠武陵山余脉，向西扩张意义不大，只有向更开阔的洞庭湖区发展，于是他们一路向东……扩张的同时，战争必不可免，甚至有可能遭遇到外部落的联盟反攻。出于防御需要，城头山进行了第四期的城池加高加宽。同时，城头山也开始改进生产技术，在扩大粮食生产方面加快了步伐。

地区扩张与生产技术的改进使城头山日益壮大，发展速度更为迅猛。

可是原有的城头山城已经满足不了这种需要。作为一个城邦中心，要行使统治职能，无论从面积、位置还是城的设施与功能上，都显得力不从心了。

毋庸置疑，邦国需要一个更强大的政治中心，以适应社会复杂化进程的需要。于是，鸡叫城的修筑方案应运而生。

因为有城头山建城和数次加筑的经验，鸡叫城的布局更为合理科学。特别是在防御系统与水利系统设计方面，为满足新形势与稻作生产的需要，相比城头山有了质的飞跃，建设速度当然也更快。

所以说，鸡叫城是城头山发展与演变中的一个重大转折点，也是城头山向东辐射向长江中下游发展的"桥头堡"。

历史能否改写

1999年1月5日，《湖南日报》报道了"百名专家倡议重写中华古史"的新闻。报道说："倡议书是由中华民族史研究会会长、著名史学家史式和台湾著名史学家黄大受联合起草"，"有季羡林、梁白泉、水野明、黎东方等海内外一百多位学者在倡议书上签名。他们一致认为，过去习以为常的'中华五千年文明'的说法与历史事实不尽相符，'中华文明史应追溯到万年前'"。

究竟能否把中华文明史提前到6000年或一万年，我们先来看一看关于"文明"的概念。文明与文化有关，文明是文化发展到一定程度，上升至一定层次后形成的。现代汉语中关于"文明"一词的解释为：通常是指人类社会的进步状态，与所谓的"野蛮"、"蒙昧"相对而言。这里还应该明确的是：文明与文明社会、文明史、文明时代也是有区别的。

人类创造的文明发展到什么程度才算进入了文明社会，目前还没有一个统一的标准。美国有一个人类社会学家叫菲利甫·巴格比，他曾经说过："城的修建和居住，是人类文明最本质的特征。"这里是把城作为文明社会到来的标志，而文明社会的标志所包含的一些要件是文字、军队、阶级、法律、艺术、公共权力的设立等等。

文字是文明的根基，中国文字的起源要从4500年前的山东龙山文化说起，已发现的龙山文化的丁公陶符，字符笔画流畅，刻写有一定章法。龙山文化属于大汶口文化，大汶口文化的社会经济已发展到较高水平，已发现的许多刻画符号被认为是古老的象形文字。

从后来出土的兽骨和陶器、石器上的图案、文字，可以判定，一万年以前，中国就出现了半图象、半文字的象形文字。根据语言学家的研究，中国近代大量出土的曾在商代广泛、成熟使用的"甲骨文"，显然已经过数万年以上的不断演进。

而公认的世界最早的文字——两河流域的楔形文字出现在5200年前，埃及象形文字出现在5000年前。虽然中国目前能证明是文字的只有甲骨文，但从上面的论述中可以看出，在甲骨文出现之前，中国的文字已有上万年的演进过程。

欣喜的是，城头山古城址的发现，已经镌刻到了北京"中华世纪坛"的青铜甬道上，写进了我国大、中学的历史课本中。

当然，现在要从城头山建城开始，把中国的文明史再往前推1000年甚至更早，还有待学界进一步的论证。但有一点可以肯定，城头山——

红字部分为中学历史教材对城头山的记载

这个中国最早古城的出现，代表了长江流域新石器时代古文明的发展高度，与素称中华文明摇篮的黄河流域古文明相比毫不逊色，而且年代更早。

城头山古城的诞生，为中华文明史留下了一笔宝贵的财富，也为世界文明史留下了不朽的文化遗产。它将作为精彩而崭新的一页，永载史册！

　　城头山遗址的考古发掘与研究，从1979年被发现开始，已经经历了30多个年头。这30多年，凝聚了太多人的期待、艰辛和智慧，从城头山的发现者曹传松先生开始，何介钧、安田喜宪、俞伟超、严文明、高至喜、郭伟民、米延仁志……数以百计的中日考古专家学者以严谨的学术理念、饱满的工作热情对城头山倾注了大量的心血，并形成了《澧县城头山——新石器时代遗址发掘报告》等洋洋大观的巨著。在这些考古巨擘的关心支持下，城头山遗址的保护与利用工作也如火如荼地进行着。

　　毫无疑问，城头山城现在已经蜚声海内外，成了考古界瞩目的焦点。同时，城头山城对考古学界的重要意义也人尽皆知。但是，在普通人眼里，城头山城还是笼罩着太多的神秘色彩，人们想走近她、认识她、了解她，却无从入手。人们无法去阅读厚重深奥的考古资料，只能靠报纸杂志的报道或民间传说来片面地了解城头山城。

　　澧县城头山古文化遗址管理处主任、城头山遗址博物馆馆长刘勇敏锐地发现了这一点，他从上任开始，一边紧张地部署着城头山遗址的保护与利用工作，一边思索着如何更好地宣传城头山古文化遗址，怎么才能让更多人了解城头山、走进城头山？他认为，现在城头山亟须一张最直接的文化名片，全面、深入、生动地阐述城头山的考古发现和文化内涵。

　　这个想法正好与一直致力于城头山文化研究的罗宏武不谋而合，这也是罗宏武任城头山管理处主任时一个未了的心愿。于是，意见一致的他们决定出一本书，以城头山遗址考古发掘资料为蓝本，用通俗易懂、生动鲜活的语言，融科学性、知识性、趣味性为一体，打造一张使各层次读者都喜闻乐见的城头山的文化名片。

在两人的精心策划下，《神秘的高岗》编撰组于2013年3月开始筹备成立，然后进行了紧张的资料收集、编撰整理的工作。在编撰过程中，考虑到不同版块与篇章的表现内容大不相同，自然，其表现形式与文字风格也就有所区别。经过8个月的辛勤努力，终于于2013年11月底成书。

与考古资料不同的是，《神秘的高岗》是一本介绍性的通俗读物，不再严格局限于严谨的学术性研究。它在已有的科学发现上，融入了大家的思考和分析，让城头山在读者的心目中不再是一个概念化的古遗址，而是一个有血有肉有灵魂的古城。

因此，在《神秘的高岗》一书中，我们吸纳了很多的观点，有的观点甚至截然相反；有些专家学者的提法非常新颖，甚至有些推测比较大胆。但是，它们都有着存在的合理性。城头山城在没有发掘之前，没有人认为稻作文明起源于中华的长江流域；没有人敢想在中国6300年前就能造城；没有人想象在澧阳平原上会有一座华夏史上举足轻重的古都……但是，随着城头山的发掘，这一切都成了现实。所以一切的推测判断都弥足珍贵，都为我们发现、理解、感知城头山提供了难得的窗口。

城头山需要更多智慧的想象，因为城头山本身就充满着智慧。

从这个角度来说，任何可能都会发生，所以书中的观点都有其价值。城头山掩埋在地下的奇迹肯定还有很多，当时光已经远去数千年，现实可见的东西，究竟是不是当时的真实情景？在本书的编写过程中，我们试图用人性去还原先人，让城头山温暖起来。

编撰此书，我们参考或引用了国内外很多专家学者有关城头山的文章、照片与观点，在此一并致谢！

《神秘的高岗》编撰组

2013年11月30日